U0733752

1962 年，博士毕业留影，左起王正义、连战、钱存训先生、钱师母、倬云*

* 本书图注均为许倬云先生生前拟定

1962 年，芝加哥大学博士毕业，与导师顾立雅先生留影纪念

1964 年，作为第一位返台的留美博士，
获颁台湾十大杰出青年

1965 年，曼丽（左二）毕业留影，倬云时为台大历史系主任

1970 年，与马汉宝赴美国科学院办理学术交流事宜，摄于华盛顿的杰弗逊纪念堂，左起翼云、汉宝、倬云

20 世纪 80 年代，台湾“中研院”院士会议期间留影，后排左起林毓生、张灏、郝延平、陶晋生、金耀基；前排左起刘翠溶、余英时、许倬云、石璋如、陈荣捷

20 世纪 80 年代，与艾森斯塔德（后排右二）等人于学术会议留影

2021 年 11 月，工作中（陈荣辉 摄）

以远见超越未见

当今时代的教育、文化与未来

许倬云 著述

陈航 冯俊文 整理

CNS PUBLISHING & MEDIA 中南出版传媒
湖南文艺出版社 HUNAN LITERATURE AND ART PUBLISHING HOUSE
博集天卷 CS-BOOKY
·长沙·

图书在版编目（CIP）数据

以远见超越未见 ：当今时代的教育、文化与未来 / 许倬云著述 ；陈航，冯俊文整理. -- 长沙 ：湖南文艺出版社，2025. 9. -- ISBN 978-7-5726-2634-0

Ⅰ. G40-03

中国国家版本馆 CIP 数据核字第 2025WL0551 号

上架建议：教育 · 文化

YI YUANJIAN CHAOYUE WEIJIAN: DANGJIN SHIDAI DE JIAOYU、WENHUA YU WEILAI

以远见超越未见：当今时代的教育、文化与未来

著　　述：许倬云
整　　理：陈　航　冯俊文
出 版 人：陈新文
责任编辑：张子霏
监　　制：李　炜　张苗苗　文赛峰
策划编辑：李孟思
联合出品：荔枝 App
特约策划：保　艳
特约编辑：杜天梦　张晓璐　丁　玥　张丽静
营销编辑：付　佳　杨　朔　刘子嘉
版式设计：李　洁
封面设计：利　锐
内文排版：金锋工作室
出　　版：湖南文艺出版社
（长沙市雨花区东二环一段 508 号　邮编：410014）
网　　址：www.hnwy.net
印　　刷：北京中科印刷有限公司
经　　销：新华书店
开　　本：775 mm × 1120 mm　1/32
字　　数：173 千字
插　　页：4
印　　张：9
版　　次：2025 年 9 月第 1 版
印　　次：2025 年 9 月第 1 次印刷
书　　号：ISBN 978-7-5726-2634-0
定　　价：59.80 元

若有质量问题，请致电质量监督电话：010-59096394
团购电话：010-59320018

自序

人类如何界定自己的位置

关于这一次讨论中国的教育问题，在我看来目的不仅是讨论教育本身的种种细节，我自己以为：**教育问题关乎人类如何界定自己的定位，以及由此定位，确定人类在宇宙之间、在万民之中，如何找到自己的所在和所为。**这是一个“超越性”的课题。“超越”这一字眼，在西方哲学史上，是“transcendence”，就是从其表象，追溯本源；因此超越了此时此地，而作为一个抽象讨论的范畴。

在人类学上，我们“人类”是从腊玛古猿逐步经过“能人”(用手的人)、“直立猿人”(站立的人）以至于“*Homo sapiens*”——最后这个字眼，是“能辨别属类及其内外界限的人种”。李济之先生将“sapien”译成“能辨的人属”。

由此定义，“辨”者，分辨、区别也。也就是说，到了这个阶段，人类有能力将天下万物以及自己，都认识其属性，以及因此而自我界定，在这茫茫宇宙之间，人如何有别于其他动物，矫然于众生，独备一格。

这一定义，为当时的北京古脊椎动物研究所的研究人员所接受。“辨”，由此成为界定“人类”的特色。回到儒家的传统，孟子有“四端”之说。其中最为重要的一步，就是看见亲人的尸首暴露地上，心有不忍，于是回家取了工具掩埋亲人的遗体。这一“不忍之心”，就成为“仁”字的根本；而“仁”本身，就是“二人之间彼此认识、尊重与互动”。《荀子·非相》直接用了“辨”字：

> 人之所以为人者，何已也？曰：以其有辨也。饥而欲食，寒而欲暖，劳而欲息，好利而恶害，是人之所生而有也，是无待而然者也，是禹桀之所同也。然则人之所以为人者，非特以二足而无毛也，以其有辨也。……夫禽兽有父子，而无父子之亲，有牝牡而无男女之别。故人道莫不有辨。

《周易·系辞上》说：“形而上者谓之道，形而下者谓之器，化而裁之谓之变，推而行之谓之通，举而措之天下之民，谓之事业。”据劳思光先生的解释：这一段系辞的意思是说，超越于形体之上的，叫作“道”；居于形体层面的叫作“器”；两者的作用，导致事物交感化育、互为裁节，叫作“变”；顺沿变化而推广，叫作“通”；将这些道理留给天下百姓使用，就叫作“事业”。

因此，假如我从上述各种引文加以延伸，则**人类之所以需要教育，就是需要经由学习的过程，体会、认识人类在宇宙之间应当何以自处，也如何认识宇宙。**这就是人类的个体，这一“有辨”的群居动物，既要认识自己个人所在，扩而大之，找出人间伦理——“社会的我”在群体之中何所定位，以及宇宙之大，“群体的我”又何以定位于万物之间。必须有如此认识，我们才能确切界定，为什么人要做种种的学习：人要从幼稚无所知，一步一步认识社会各个阶层的群体与自身的关系；这就是前面所说“四端”之中最具感情的“恻隐之心”，逐步推广到其他“三端”等“社会性”与“宇宙性”。

为了达到以上目的，人间的教育，就可以规划为社会学的范畴，个体与群体之间的关系；自然科学的范畴，人与宇宙之间种种现象的相互关系。而最重要的，还是人认识自己的内心，也从内心的反省，找到在大宇宙中人类的特色，以及在大社会中你我自己的位置。

如此界定“教育”，其实不只是为了实用，还为了认识层层的大圈圈之中，渺小的你我如何定位自身，也因此如何确定自己的“承受”与“付出”。我个人在此陈述我对“教育”

二字的认识：**“教”者，从指导中学习；“育”者，从涵泳中悟解。**这两个方面，我希望能够概括“教”“育”二字，互相锁定层次。也因此，对这次讨论，我的态度是慎重而又心怀敬意的。拳拳我心，希望各位同志知我、谅我。

目录

Contents

教育

第一讲

全球化时代的教育与文化

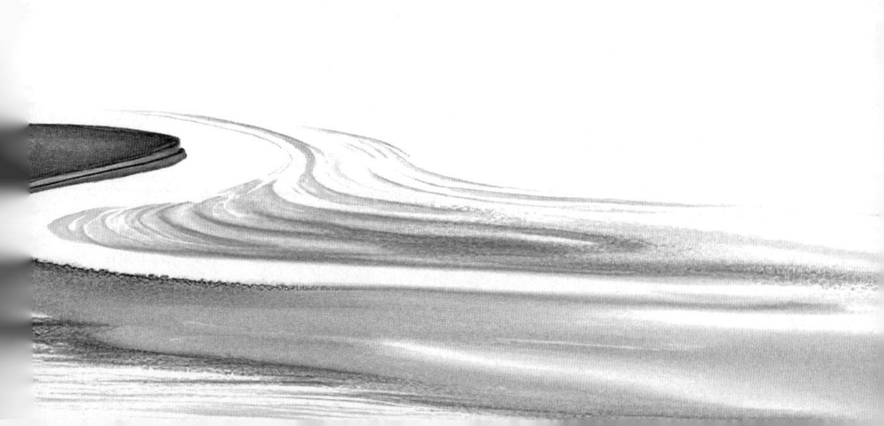

谈论当今时代的教育，我们首先必须讨论教育的基本问题。我们该如何定义教育？教育当然不只是“上课”而已，教育代表的是一种制度。我们的孩子，这种人类的幼体，从生物体转变成社会体，转变成文化体的一部分，需要经由教育才能实现。也就是说，在其成长过程中，我们要把资讯输入他的头脑之内，让他逐渐懂得如何获取资讯，怎样累积、解释资讯，让他终于可以经由资讯作为通道，与他人沟通、交换，并参与到社群或者文化、体育活动的运作中。

资讯是原材料，也就是我们所谓的“知识”；往上一层，不同的知识累积起来，亦即“学术”；更高一层，就上升为“智慧”了。所以严格而论，**出生时空白一片的小孩子，其实就像一张张“白纸”，教育是“给这些白纸染上颜色”——包括社会提供的各种资讯，也包括后来孩子们在生活、学习、成长中，一个个阶段所经历的事情。**

人类可以用语言和符号进行交流时，这项工作就开始了。小孩一落地，母亲的手轻柔地拍拍他：从此时开始，教育就起步了。所以，**教育的含义，就是把一个初生而懵懂的小生命，训练成人类社会的一分子，共同享有人类文化圈里的种种资讯和资料，共同创造推动人类进步的知识和智慧。**

在过去，每个地方的教育，每个国家的教育，都有其特色，烙印着过去的时代背景和地域背景，也有其自身的发展历史。随着群体的演化，人类正在走向全球化，尽管这个过程非常漫长。到今天，世界融为一体，已是不可避免的情况。不同的教育制度，也正在慢慢经历着全球化的过程；或者说，不同群体的教育制度，正在慢慢经历着一致的涵化[①]过程。

每个国家、每个社会，都要考虑到自己的教育制度逐渐要联系于其他教育制度的可能性。比如，在此基础上建立互通有无的留学制度，互相借鉴对方的教育制度，等等。所以，今天的教育面临的第一个难关，是教育的国际化如

① 涵化（acculturation），即“文化适应”，指异质的文化群体发生不同程度、不同方式的接触后，导致一方或双方的文化模式发生变化的过程。这一概念由美国民族学家鲍威尔首先提出。其结果是一种文化接受他文化的要素，或对他文化的适应，从而使不同文化的相同性日益增强。——编者（本书脚注除特殊说明外，均为编者注）

何与经济的全球化协同发展。

第二个难关，是科技的全球化与文化的差异化如何调适。今天的科学技术发展得非常迅速，可以说日新月异。科技文化深入我们生活的方方面面，已经成为日常的一部分，比如手机、电脑。甚至我这样九十多岁的老人，也是须臾不能离，几乎可以说已经成为器官的延伸。

尽管全球的科技文明日益趋同，但**每个国家都有自己的文化背景，有其自身文化发展的历史**。所以，**每个国家的国民，都需要根据自己的过去，规划一套较为独特的文化训练和学习路径。**如此文化背景，使全球化的过程还是脱不开各自系统的特色。

简而言之，经济的全球化和科技的全球化，要求我们推动今天的教育，既趋向于一致化，却又不能无视若干特色的存在：今天的世界，至少有五六个文化圈，每个文化圈有不同的文化背景、价值理念、是非观念，在教育理念上也各有侧重。

所以，我们今天面临的教育现状是：一方面，东西方文化都有其特殊性，却又无法避免相当程度的一致性。如此同、异的共存，也反映着每处发展教育面临的挑战。如何让这两条线交会在一起，是一项艰巨的工作。很多国家在设计自己的教育之路时，往往没有思考清楚目前所面临的紧张、激烈的竞争现状。我认为中国的情形，乃是已经有一百多年接续全球化，又保持若干特色的过程——对此难以两全的情况。中国的教育界，自有其相对清晰的认知。而另外一方面，现实的需求，也常常出现通性与特色共存而难以融合的现象。

例如，过去中国的文官考试制度留下的影响，使得社会上普遍重视分数与循序渐进的一致性，并认为求学过程，乃是孩子终身最大的考验。如此，孩子们在中学阶段，求学过程只能以“紧张”二字形容：赶功课、补习、考试，重重关口的挑战，形成孩子必须忍受的巨大压力；而且，似乎除此以外，别无选择。

然而，以我自己求学的经验来看，那时允许相当程度的多元性，并不一定存在如此“一刀切”的困境。从形式上言之，今天教育的初阶，是为了扫除文盲，使每个人都有起码的学习能力。这一条途径，经过多少年的努力，今天中国确实取得了空前的成绩：中国“扫盲”的努力，已经相当成功了。然而，当前教育制度更要想到的乃是让孩子们理解：人类的知识不断扩大，扩大之中，会引发相当程度的多元。例如，理工科的学生必须具备的基本知识的确不同于文、法科的要求。人类的知识，正在向各方面发展，既有提升，也有发展过程中无可避免的分叉。

在我愚见，中国所形塑的教育制度、构建的教育结构，从一方面看，可以与国际接轨；从另一方面看，中国人的教育，由于过去考试制度的“遗毒”，往往希望以同一个标准，考验同一类型的能力。因此，在教育过程进阶时，学生不容易适应知识及信息大爆炸与多元化的实况。

目前，世界上大多数国家，还是依照相当固定的分级方式规划其教育：小学、中学、大学，再往上是研究生——不读研究生的话，通常会在大学毕业以后就业。也有孩子在中学毕业后进入职业学校，接受专业的职业教育后再就业。这种规划，一方面确实在某种程度上可以使学生面临知识分化的情况，而自我调节其求知的过程；另一方面，如此按照程度分级的制度，又出现了各阶层教育培养的学生，在知识和见识上不免有贫富、优劣之分。

我自己亲身在若干国家发现，孩子们在不同的年龄，分流各个方向：孩子们在小学三年级做第一次分流，这就决定了其一生的方向的初步起阶；在这个阶段更上，又有初中和高中的分流等等。这种制度的分化，岂不就是印度残酷的“种姓制度”的根本吗？

如此过程，在世界各地虽然并不一致，却多多少少有类似的情形出现。如此分化，既然是不公平的，如何寻求补救之道，是一个严肃的课题。在中国，大多数家庭都还相当关心自己子弟的教育程度；他们各尽其能，在生活之中，为孩子解惑、答疑，提供各种力所能及的引导。只是，我们必须承认，如果家长自己的程度受到自身教育背景的影响，他们则心有余而力不足，明知若干地方需要补救，却已经超出自己的能力范围。这种窘迫，有时可以校外补课的方式弥补；然而，紧接着的条件，是不是家长们都有同样的财力和时间，安排补课？如此左右为难，乃是目前中国出现的窘境。

如果与其他国家的情况比较，例如美国，其教育的特色是尽量将教育的任务委托于政府及社会。其缘故在于，美国近代的社会结构逐渐趋向于男女完全平等，夫妇二人都在外面有职业，家中没有分工，也就没有余暇兼顾孩子们的教育。

关于总的方向，我个人认为：中国有自己的教育制度及社会结构，今天整体的发展方向，则是逐步模仿美国模式。但是，很多国人以为美国的教育制度是西方唯一的学制，其实欧洲许多教育制度乃是自己发展的，与美国并不一样。因此，中国可以选择合适于中国的部分，再由自己发展一套完整的制度。

在中国，“个人主义”的色彩，相较美国淡得多。美国的个人主义坚持所谓的平等、自由原则，主张个人的权利大于一切；为了追求个人利益，甚至可以牺牲孩子、牺牲家庭。

而在中国，价值排序往往倒过来——牺牲其他的都可以，绝不能牺牲孩子的教育。同时，我也希望中国的父母，不能因为重视孩子的教育而忽略家庭本身的完整性。这一项差异，我们必须注意：既然选择全家动员，一起参与到孩子的教育中，各自认领重要的任务，就不必模仿美国，将教育责任一概交付于国家与社会。

目前教育问题的复杂性，在于它的背景本身就是复杂的。前面我讲过，中国正在不可避免地走向全球化，科技的发展也日益趋同。但在这个过程中，如何竭力保持自己文化的独特性，这是我们都想追求的要件。此外，世界的大范围内，各处都必须承受目前城市化的强烈冲击。近二十年来，中国快速地城市化，其发展尤为显著。除了若干山区还能保持传统生活方式，其他地方基本都城市化、城镇化了。人们生活在小区里，居住在高楼里，孩子们成长的环境已经不局限于“狭窄”的邻里乡党和亲戚关系。

今天的孩子，从小与自然的接触没有那么亲密，因为他成长在城市里，行走在水泥路面上，出行的交通工具是不同的车辆，与自然环境相对保持着一定的距离。孩子们的居住环境，也和我们过去大相径庭。过去，我们共同居住在人际交往比较亲密的小社区，开门就能见面，大人之间、孩子之间，交往自然而随意。不同的小社区，慢慢形成各自独特的邻里文化。而现在，在繁忙的城市生活中，大家居住的高楼或公寓基本上都关门闭户，邻里之间很少见面，相互并不熟悉，无论是生活上还是学习上的交流，都限于一室之内。总之，在城市化之下，人是寂寞的、孤独的。

当前教育本身，已经走向全球共同体、群体一致性的方向，如果这条道路成为“寂寞之途”，我个人认为这是人类自己造成的重大灾难。

在学校里，孩子可以有自己的朋友，但是家门一关，人们都不知道隔壁邻居是谁。就这一点，我个人认为，中国既然在城市化进程中保留着“小区观念”，就应当对小区本身进行合理的规划：给孩子们预留可以自由来往、彼此学习，在玩耍中交流的地方；成人们也可以有彼此交流、互动的开放空间，如此方能让过去社区的亲密性有重新恢复的可能。

社区之内的亲密性，对孩子的教育和成长非常重要。孩子在成长过程中，感受到社区无时不在的亲密性、互助性，长大以后，才会发自内心，以开放的心态去面对人生。今日孩子的成长过程，少年期是一个难关：在这个阶段，如果没有培养开放的心胸，与他人合作也容忍的心态，其结果则是形成孤立而自私的性格。在成人期间，心胸关闭的人，既不能忍耐失败，也不能正常面对成功。这种精神状态，可能对他的整个人生造成不可逆转的伤害。

另一个具体的难题是教育极力竞争的压力。孩子求学的过程，演变为一个不断参与竞赛的“长跑”。随着当前教育趋于一致性，竞争更激烈，孩子必须考上全国范围内的重点大学，甚至海外留学，目标锁定为世界范围内的优秀大学。为了达成目标，孩子付出的时间和精力越来越多。在这个过程中，分数变得极为重要。分数看起来是客观的，但它不是一个客观的东西，反而非常主观。教育不再是为了学习，而是为了争取“分数”。因此，这一过程是舍本逐末，孩子们不得不将必须要学习到的知识和能力放在一边，而只是注意争取考试的分数。我们必须要认识到，中国孩子并不必须踏上只看分数这条“不归之路”。

过去科举制度下，人凭考试得到身份、地位、社会认同。直到今天，这种制度的影响还在——不少人认为，经过重重考试，换得一纸文凭，似乎人生的境界、命运就大不一样了，而忘了教育的目标有一个重大的部分：培养一个健全的人格，获得如何生活的方向，这更为重要而根本。

面对上述种种，我身在海外，心系国家，在一旁为未来国民的智育和群育甚为忧心。国家整体的方向，是重要课题，与各种体制有关。我们更注意的，则是国民的品质和性格，是否能够合力建构一个健全、和平而互助互利的共同体。

在国际教育的环境下，如何更好地发掘潜能，定义优秀？[①]

我们每个人的能力，表面看上去的，与其潜在未发挥的，其实相差很远。对绝大多数人而言，不管是智力还是体能，都有很大一部分并未释放出来。一方面，有若干“潜能”是人所不自知的；另一方面，很多人也许意识到了自己的“潜能”，就任其自然，沉浸不改。每个人的生命状态，就像开汽车——有时速 120 公里的潜力，却往往只能以 40 公里的时速行驶。如果一个人能发挥所有潜能，其人生取得的成就，以及给予社会的回报，会大不一样。

举例言之：视力不好的人，往往听觉敏锐——他是以听觉弥补视力，这就是潜能的发掘。听觉敏锐、视力欠佳的人，却可能成为世界上伟大的音乐家——贝多芬就是一个典型的例子。

“发掘潜能，走向优秀”，最重要的是自己的决心：必须认识自己是否还有未曾开发的潜能。以此用心，全力以赴——人一我十，人十我百，长此以往，会攀越平凡，登入优秀。

---

① 答美国厚仁教育集团创始人、首席执行官陈航问。

厚仁是一家为国际教育服务的机构，奉行的准则是“厚生利用，仁民爱物”。我希望厚仁教育，能够注视人群共同的大目标，使智能资源得以开发，人际关系能够和谐，使世界共同享有大环境孕育的资源，使个人的生活条件、心灵境界逐渐提升、改良。

在这大目标实现以前，我盼望每个人都有机会，尽其所能参与培养个人潜能，共同构建和谐兴旺的人间。

未来二十年的教育会是什么样子的？①

这个问题，是预测，又从预测回到历史本身的进程。我只能回答我自己所见的变化，然后才能推断我希望看见的新状态。

在我受教育的时候，中国的中小学以及大学，基本上以仿照美制为主体。胡适之先生在美国哥伦比亚大学留学，他将杜威的思想作为介绍到中国来的主要项目。杜威的时代以应用、务实为主，因为美国的开拓工作正在进行，还没有完成。开垦、种植、启动新工业，新工业还要不断转变，求得更进一步的发展。凡此目标，都是以实用为目的。对精神面与思想面，其实着墨不多，更无论到二十世纪后半段，新兴的工业以及农业，都已与胡先生留学时代的情形大相径庭。因此，我想那一段过去的事情，今天不必太重复。因为今天我们已经跳跃了不止一个世纪，我们可以直接谈到我所盼望的未来。

近三十年来，可以看到如此趋向：我们关心的知识范围，从一个国家扩大到整个世界；我们研究的问题，从一

① 答美国厚仁教育集团何荻问。

个文化圈的课题，扩大到许多文化圈已经研究和交流过的问题。这一全球化的总方向，在最近二三十年来，尤其显著地呈现为不能不面对的情况。

最近半个世纪以来，实证科学的探讨，已经将我们的知识范畴推入另外一个境界。2023年诺贝尔化学奖得主研究的项目，讨论到能量和粒子之间如何转换，这一存在有没有空间。这种思考方式，在各个科目都呈现出，我们的知识范畴已有极大的改变。在这个范畴之内，还有个副题：信息技术（在美国，这一门学问被称为“资讯科学”）发展到了一个地步，工业生产与日常生活，都必须面对已经出现的人工智能。“智慧”而可以“人工”，学生写作与答问，有多少是他自己得到的意见？有多少是从人工智能的工具中直接输出的？

换句话说，我们今天的教育，小学、中学、大学的阶段化，看来必须要有大幅度改变。而且，教育科目的内容和水平，也会有很大的改变：知识的全球化、快速的科技进步导致的知识性质和内容的变迁，都扑面而来。我们不能不在这方面有根本性的讨论。我自己在这方面，也还没有形成完整的意见。因此，我的建议也只是暂时的而已。

我认为将来的教育，包含至关重要的三点：一是我们要掌握鉴别信息时代资讯的方法，适应科技发展的新局面；二是全球化以后，不能“关起门来过日子”；三是世界各处都在经历城市化，在巨大的都市人口内，没有社区，也没有社群，人本身在社会中有失落之感——年轻的孩子对这种寂寞的社会必须要有所准备，要培养群体与个体之间的平衡，因为个人自由与集体共存之间有难以分割的关系。这第三点，其实就不是智能教育，而是群体教育的范畴。尤其在美国，一个特别强调个人自由的社会：我们已经看到，散漫的个人在没有社群、小社区的归属感之时，“人”不见了，“人”疏离了，导致许多人精神状态不稳定，甚至于不知自己生活的方向。其实，这是已经必须要处理的问题。而这第三点，却在过去一个世纪以来发展欠佳，“群育”经常在“智育”的不断进展中，被挤压与边缘化。

将来的教育，内容更复杂、更丰富，我们要兼顾的层面更多，要更深入地动员自己的潜力。因此，我们今天的教育不能限于学校教育的阶段。我以为，现在小学、中学、大学三阶的方向，以及数理、人文的学科分野，都必须要贴合时代和地域的需要，更要按照个别学生自己的意向，做许多新的规划和调整。凡此规划和调整，都不必求整齐划一，而必须要有相当因人而异、随时调整的空间。

终身教育，至死方休。

什么是“全人教育”（holistic education）？[①]

美国目前的制度，虽然看上去还是小学、中学、大学的分级，其实小学六年的课程划分，也已经允许存在相当的弹性；中学阶段也并不像以前一样，严格划分为初中、高中两级——有相当多的高中，在二、三年级时，其实已经按照学生的需要和程度，开授相当于大学预科的特别科目。这些科目的学分，在大学时候可以纳入必修学分，以此减轻大一的学业负担。此外，美国的大学，从社区学院到头牌的顶尖大学，都称为“学院（college）”或“大学（university）”，实际上每所学校的定位都不一样。

美国刚刚开拓的时候，尤为注重实用的知识和经验：一个人用两只手能操作一切机器，这比什么都厉害。杜威时代的教育是实用主义教育，如此教育理念今天还存在。只是随着社会的发展，“实用”二字逐渐不适用了，“全人教育”的理念随之诞生：**教育首先是为了使“人之为人”，一个人应该具备和谐的心智、健全的人格，其次才为了传授知识。**至于在现代迅速取得进展的科学，包括理、工、

① 答美国厚仁教育集团王超问。

医、农等领域，日新月异，在高中时代打基础，用处不大。总而言之，中国可以设计自己最适用、最符合现状的学科和教学模式，不必一切都向美国看齐。

我认为的“全人教育”，所应当注重的是对性灵的培养、对“为人”的自觉培养，让一个人直接认识到：自身能力的起点在哪里？自身的潜能在哪里？

我们每个人，都是人群中的一分子：我中有你，你中有我。社会群体帮助个体，个体回馈社会——于是，从个体、家庭、邻里、朋友圈……以至于全世界。个人的成长和社会责任感、群体归属感之间，有很密切的关系。“全人教育”不但是对知识的传授——固然知识占了相当大的部分，更重要的是对个体智慧与群体意识这些方面的提升。我们应该知道自己是谁，别人是谁。与人相处时，彼此尊敬，更要敬畏自然，爱护自然。

知识不能僵化，而是要与人生相配。我的理想，我知道要花很大的气力去推行，现在怀有相同想法的人实在不多。尤其是国内的家长们，他们的孩子要过关斩将：考中学、考大学，甚至出国。教育的目标是什么，他们往往来不及想。

有家长眉头紧锁地来到我面前，对我说：“许教授，你的目标很高，慢慢来吧，等我们走完这个坎儿再说。”其实来不及的，这是孩子一生下来，父母就该考虑的事。

什么是群体教育？[①]

群体教育，其实不是课程，而是生活。在课堂上讲社会学或者提出教条两个字，都没有用。群体教育的第一步，是在家中小孩就必须认识到他是和别人共同生活的，他不能“自我中心”、予取予求。这种教育的实现，要求生活之中父母必须时常以身作则，也在生活方式上处处防备：不要以“自我中心”作为“自由”，也不能够以父母、子女的关系来定尊卑和纪律。无可讳言，大多数家长在自己的成长过程中，未必能体会到如此做人的方方面面。这种**群体教育，不是孩子们在课堂里背教科书能实现的，而必须在生活中逐渐体会**。我们也必须承认，有若干家长（还可能不在少数）自己就该先进行“自我教育”。我加一句重话：**要孩子像样，家长首先要像样**。在人群之中，如果稍加注意，正面反面的教材和课题，都活生生地在生活的方方面面中展现在你面前。学校不能提供这方面的全部训练，家长自己也可能还没有领会到这方面的重要性。我在此提出这些话，其实就是劝诫家长们自己多一些注意，多一些自

① 答美国厚仁教育集团杜星问。

我检讨，多一些以身作则。

群体教育关系到两方面的事情：一方面，从个人的维度来讲，个人如何维持与群体紧密、频繁的接触，达成群体成员间互相照应的目的；另一方面，从群体的维度来讲，不同层次的群体有不同的性质、功能，个体参与其中，群体会对个体施以不同的影响。

留学生都像孤鸟寄身海外，没有多少朋友——其实身处国内，也不见得有多少朋友。人处在孤独的都市环境里，与他人的接触本来就少，所以就得自己注意。我的一个经验是：日常交往与知识交流，两者如能兼顾，岂非更好？否则，仅是参加团体“凑热闹”，彼此间的意思，就相当不同了。

要在日常生活的交往中区分：哪些是酒肉之交？哪些是性情之交？哪些是道义之交？哪些是学问之交？对各种人各取其长，也能各见其短。见到朋友的缺憾，不必批评，自己却必须因此警惕。凡此，均是群育的方向。

关于群体教育，或者群体活动对自己的帮助，我有几个想法。群体活动有几种，我们先从最正式的开始讨论。比如上讨论课时，绝不能缺席；人来了，但从头到尾像个旁听者，也有不足。要积极地参与讨论，而不卖弄、不退缩，更不能假装明白。

小型讨论班，是为了让若干同人聚集讨论特定的题目。旁人的意见你可以反应，你自己也需要听取他人的反应，彼此有来有往，各有所求、各有所得。每个人的讲话不宜太多，也不宜太简略，把话说清楚为止。整个讨论班进行到最后，你必须自己整理一番，检查这次讨论的所得。

如果觉得没完全听懂，就得向老师提出，诚恳地请求老师能否再叙述一次，使得自己能够完全理解要义。凡此情况发生时，记得不卑不亢，诚恳地提出要求，具体地点出疑问的重点。如此交流，恐怕比课上更得益处。至于一对一的讨论，就无妨更为深入，使得主题确实明白、精准。

在课外方面，交友也罢，大家平常聚会也罢，有一点需要注意：**与集会的目的和主题不相干的事，不应当在会议场合生事端。**

当代学生，何时确定专业分科比较合适？①

这要看具体情形，没办法一下说清楚。如果专业选错了，你可以在第一星期就退课，马上换另一个专业；但如果你能忍耐，没准再听几堂，就喜欢上了。

不过，有几个专业本身就是通才教育的基础，比如语文、数学。在人文学科中，社会学、历史学也是必备的基础。这种科目你不必退，留下来，说不定在将来选择专业时，会发现对你有相当多的益处。与自己专业兴趣是否接近？这是学生自己的判断。然而，如果学生自己不清楚，无妨直接向开课的老师，或者自己的导师请教。他们会帮助你，让你知道学科与学科之间的关联性。一般的老师，见到这种个例，以我自己执教多年的经验，会乐于帮助学生寻找互相配合的专题。

如今高校的学生想转系、转科，其实是很容易的事情。但一定要有所准备，**提前了解你想转入的专业，去找这个系的老师请教、交流，在这个基础上做出自己的判断。**开放的胸怀、诚恳的态度，又对求知满心向往，如果学生

① 答美国厚仁教育集团李欢问。

以如此态度请求老师的帮助，老师必定欣而为之。

我曾经有一个学生，王小波，他就是单独选课。因为他的本行和学校的科系都关系不大，而他常常感觉需要找人讨论，找出自己该学的范围。既然他的兴趣是中文写作，我就让他单独选课，作为“专题讨论”的科目。他似乎也因此对如此的教学，感觉很有帮助，这不是随班听课所能获得的效果。

第二讲

家庭、家教与家学

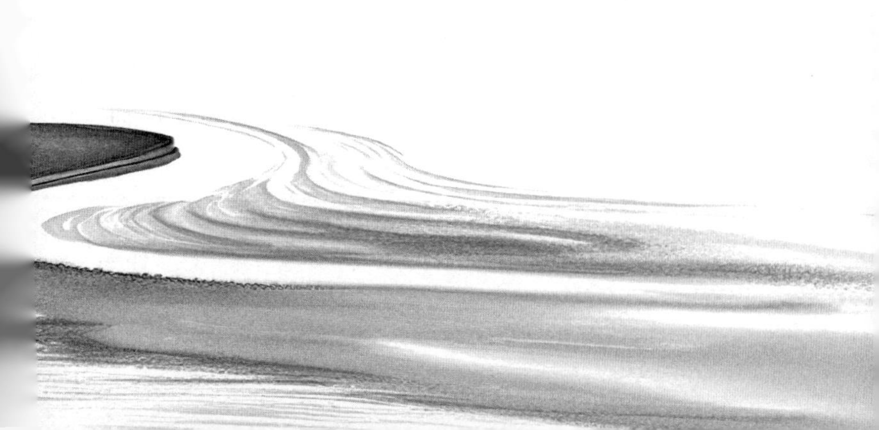

家庭教育在所谓的教育中，是开始得最早的。小孩子年幼时，学到的具体知识可能会逐渐遗忘，但在家庭环境中得到的熏陶，会对他终身有用。

家庭教育可分为德育和群育。“德育”则分身教与言教，其中关涉人生在世，行为上的当为与不当为的区别。“群育”就是个体在群体之中如何自处，如何与他人相处，采用什么方法、秉持什么立场与人交流。前面所述身教与言教，二者的关系密不可分：身教是父母以身作则，示范给孩子如何立身处世；言教则是父母耳提面命，嘱咐他什么该注意，什么不必在意。

在我们许家，有一些不成文的规定：第一条是“不能说谎”，第二条是“不许偷懒”，第三条是“不论行为或言辞，都不许伤人”。此外，我从小就被叮嘱：要与人和睦相处，不能任意妄为，做任何事情一定要考虑到对方的感受。

在这一点上，我可以告诉大家：“直道”与“恕道”是相互补充的。所谓“直道”，就是做人要正直，既不能说谎，也不能歪曲事实；批评他人或者回应他人批评时，要完全按照真实的情形，老老实实地讨论。所谓“恕道”，就是与人相处出现矛盾时，要考虑到彼此之间，是否还有互相原谅、互相容忍的空间。这一尺度的衡量，其实相当困难，对小孩子来说尤其如此：小孩子争执时，一定是“公说公有理，婆说婆有理”，通常双方都不会承认自己有错，而往往认为对方有错。这种矛盾要怎么容忍？这种冲突要如何平息？对孩子来说，这是一个大关口，往往不容易跨过。

我个人有点经验，愿意与大家共享。我身体自幼残疾，又遭逢抗战，高中以前一直在家随父母、兄姐自修。抗战结束后回到无锡，我终于有机会读书，进入高一年级做“试读生”。当时我是走路上学，必须经过学校几重大门的门槛——这一步两步，对普通人来说很容易，但对我而言是非常困难的事情。入学不久，就有本校初中生看见我走路的窘态，模仿并且笑话我。我不理他，告诉自己不理会便没关系。可是，他站到了高门槛前，挡住我的路，让我过不去。我问他为什么，他说：“我要看乌龟翻身。”

我说：“你是乌龟还是我是乌龟？你是乌龟的话，翻身给我看看。”他非常气恼，和我争执起来。在争执的过程中，有一个老师恰巧从这里经过。老师责备那孩子，说：“你怎么可以这样？你知道许倬云是伤残人士，还要欺负他？”那孩子说：“我没欺负他，我就是叫他给我看看，他是怎么个做法。”

老师把他拉到跟前来，对他说：“我给你手上绑根布条，膝盖绑根木条，鞋底上再贴一块木头，你给我走路看看？看能走成什么样子，能不能乌龟翻身？能不能爬得起来？”那个孩子很生气，顿时哭了，当场大闹。

老师说：“你如果坚持不认错，我们会让你退学。因为你做了不应该做的事情，还不服教诲。”对方的家长赶来了，与老师发生极大的冲突，家长说：“转学可以，我们要弄清是非。”老师把整件事的经过解释给家长听，家长很气恼，但不肯松这口气，以至于吵得不可开交。我看情形如此，终于开口说：“算了，今天不用这样做了。”

从那开始，他们终于接受了“小孩子要道歉”这件事。在他们的认知中，小孩子争吵，事情过了就算了。但是，我们还在同一条路上上学、下学，总有遇见的时候。每次我看见那个孩子，他注视我的眼光里，总流露出怨恨、气恼的情绪，让我觉得非常不舒服，但我也不愿意再讲别的话。

这时我就想：假如我对大家说“我原谅你了”，问题是不是就可以解决？回到家，我与母亲商量这件事情。在交谈的过程中，我意识到，事情到了这个地步，已经没有办法用一句“我原谅你了”轻松解决，他的心中已经结怨了。恐怕他这辈子，性格上会有相当的扭曲。对此我感到很遗憾，原来这种事情已无可补救。此后，我再也没在上学路上碰见他。他是不是转学了？对此我一无所知。两年半以后，我去了台湾，此生再也没见过他。

上述的例子，是为了解释家长该如何在自己日常生活中，给孩子适当的社会教育，使孩子能够在进入社会后，知道如何自处，如何与人相处。这一环节，在传统中国的儒家教育中，是非常重要的。“家教”是家庭教育的简称，不是指在家里补习。**家庭教育的成败、好坏，决定一个人终生的品德和行为。**这一环节在近期被忽略，一方面大概是由于学校教育已经完全离开了家庭，乃是属于公众的，而公众将这一部分的教育一手揽过。即使家长希望有发言权，在公权力强大的环境下，家长几乎没有发言的余地。

另一方面，家长们本身对学校教育，基本上是没有能力做判断的，也没有发言的机会。因此，这一个重要的家教环节，在今天几乎完全被废了。如何给家长们发言权，是个重要的问题。我在美国居住数十年，在美国的中学阶段，我的孩子上学时，我们都被学校告知：希望家长踊跃地参加家长会，一方面家长可以听取学校对家长会的报告，另一方面则是以家长会作为一个管道，家长可以向学校提问——什么事情该做而没有做，什么事情做了但是没有做好。相对地，学校对个别学生的问题，也可以经过邀请家长去会商，而共同寻找解决的方式，改善孩子可能呈现的品行不足或者性格缺陷问题。

中国家长很容易依循惯性思维，认定孩子考上一所好大学，一切全都定了。可是，请大家不要忘记：进了知名大学后面临学业压力，精神上受到刺激甚至生病，无法顺利毕业的例子不胜枚举。出了国门无法顺利完成学业，流落在外、茫然无措的孩子也并不算少。对这种事情，家长们要负很大的责任。

希望家长能将“一切以分数为重”的观念放下，否则他们很难期望孩子能够自己面对学校教育的一切。家长望子成龙，这是可以理解的。可是，如果家长与学校之间没有做出适当的配合，弄得不好，可能“画虎不成反类犬”。

有时候，也会遇到家长反问我：“许教授，您已经九十多岁了，老早就经历了这些问题，您现在不是说风凉话吗?”我能理解家长的心情，但我说这些话，是源自我的亲身经历和深切体会。回顾过往的求学经历，我觉得幸运的是，我从来没有和人家比过分数。高中以前，我都没有上过学，是靠自己的家庭教育学到一些东西。我记得自己跟着爸爸看书，他看着我盼望的眼神，对我说：“来，你看看这一段。”这都是家庭教育留给我的温暖回忆。顺便说一句，昨天我的孙子过来陪我们吃晚饭，这是每周例行的事。我们彼此谈话，讨论他的功课，也讨论他未来的计划，因为他正处于即将进入大学的阶段。我们谈到中东的巴以冲突，在讨论完这一问题以后，他特别说："公公，我真是幸运，能够和你谈这些问题，你自身对人格的陶冶，令我能够直观地感受、理解人间的种种'不幸'，而同情这些遭受苦难的人，我真是感激。我的其他朋友，他们的家长也会谈这些事，但是我觉得你将整个的'心'放在'人格'部分，对我予以教导。公公，我这辈子会感激你。现在我还没有走入社会，我向你发誓：你和婆婆的教育，我会一辈子记住。"举这个例子，不是为了夸耀自己，只是想告诉大家：孩子们即使还没成人，他们的理解力和吸收力也是很强大的。**别将人格教育、社会教育一股脑儿扔给学校，家长们有责任将你们所珍爱的孩子在成长过程中当作朋友一样劝导。**他们会记住你们的劝导。功不唐捐，请你们务必注意。

我确实没有资格批评家长们对分数的重视、对功名的重视，但是我想由衷提醒大家一句：你可能在无形之中，将分数观念、考试观念，把这种世俗意义上的成功，提升到太高的位置。城市化以后，家家关门闭户，**所有的比较，最后都成了写在一张纸上的分数。这是现代教育的悲剧，害了几代孩子，或许还会贻害下去。**

几十年来，我时常担任审查小组的召集人，审查论文是否刊登，或者基金会的补助如何分配。遭逢否决票的某些人恐怕会对我心怀怨恨；而经我手“过关”的人，多半认为这是理所当然的，不会感激我。如此一来，我一辈子做了几十年审查工作，树敌不少。

同样，在会议上我向来遵循自己的原则，直言不讳。但在这种群体会议上，每个人都有自己的尊严——我几句话将人驳倒，或者说出一个不能让他通过的理由，这种伤害是伤到骨子里的，我为此反省。我这辈子做了无数次这种事情，也许有的人后来会谅解我，也许另外一些人对我记恨终身。

六十年前，我在台湾工作，立下了一些常用的制度。例如，研究院的论文内审制度，是由我确定建立的：同一个单位的人，不分长幼，彼此审查。然而，在中国传统伦理中，小辈不能妄议长辈的是非对错。于是，我新立的制度和传统的规则之间，显然有情理冲突。如今回想，在这一关口，我不知道伤了多少人的心，伤了多少人的感情，这都是我感觉到的自己必须反省之处。

此外，我们还有一些家规。比如长辈曾经教导我们：每个人都要尊重自己的人格、自己的身份。这个身份不是指社会身份，而是自我认同、自尊自重。父母常常嘱咐我们：穷不失志，富不癫狂。你在穷困或者倒霉的时候，不能泄掉志气，失去志节；而在一帆风顺的时候，也不能忘乎所以。这是我们家庭中很早就立下的规矩，人人会学习、遵守。

当然，任何规矩，都是讲起来容易，实践起来难。假如没有人时时提醒，很容易遇事时忘记；或者缺少上下文时，旁观者对来龙去脉并没有掌握清楚，就容易产生误会。我们必须在家庭教育里多加留意：对小孩子，无论是指责还是称赞，都要清楚地告诉他为何如此，该怎么办。要教会他们具体的、可变通的执行方法，而不是一个死规矩定下来。

我这一辈子，做人确实“直道”多于“恕道”，有一部分原因在于我自幼缺乏“群育”。我少年时住在重庆南山的松村，记忆中周围有几千棵松树环绕，我们家一度寄居于借来的房舍，周围并无其他人家。父母在城里上班，所以我常常一人在家，独自看书。我自幼读书，接受先父亲自教导，他看的书让我也跟着看，久而久之，慢慢都吸收下来了。先父常读宋朝名臣奏议。名臣奏议多是直臣劝谏皇帝的奏折，或在朝廷上互相辩驳的记录。这类文章针砭时弊，一针见血，能流传千古的都是了不起的杰作。欧阳修、司马光、苏东坡、范仲淹、富弼等人，都有这一类名作传世。

先父才华过人，性格刚直，所以他喜欢这种文章，阅读之际，高声朗诵，我在旁恭聆。如此耳濡目染的教育，给我的性格带来很大的影响。如前所述，我没有群居生活的经验，也没有大人来提醒我，人与人之间还需要互相理解、彼此约束。这就造成了我注重“直道”。

在群育、德育之外，智育也很重要。童年时代需要做的智育，最要紧的是认字。我和舍弟翼云，大概三四岁开始认汉字。六七岁时，他去上小学一年级；我虽不能上学，此时掌握的字不少于百数，已足以看懂一些故事了——不仅是儿童故事，比较复杂的文章也能大略读懂。后来，我们还常常一起看武侠小说、翻译小说，也读近代人写的散文。我们的认知比旁人相对超前，阅读能力这一块儿，完全是自己培养的。

当然，家庭为我们提供了如此浑然天成的环境：桌子上、书架上书随处可见，随手可拿；久而久之，孩子拿来自己翻看、学习就成了习惯。这段独自在家的阅读生活，对我后来的读书极有帮助。我没有机会参与集体的学习，却逐渐摸出了一条自己的路。

最初学数学，姐姐为我们出了四则杂题，例如“鸡兔同笼”等。我们试着去答题，不是靠计算，而是凭推测。在完全不知道运算法则的前提下，我们只能将数字一个个排列开来，慢慢摸索其中的规律，这是一个推理的过程。学了一半之后，我们发现自己会算了——给出一个条件，就会总结出它的运算法则，进而给出正确的答案。这种家庭教育如果开始得早，等于寓学习于游戏，对小朋友一定很有帮助。

还有一个很好的智育方法是讲故事。大人讲故事，最常见的方式是照着书本念。这种讲法照本宣科，小孩子一听就烦。我的外甥很多，有几个外甥就和我们一起长大，所以我积攒了很多讲故事的经验。我通常是以书上众所周知的故事为蓝本，把孩子自己的经验、当前发生的事情编织进去，使故事情节与现实生活巧妙贯穿到一起。这种故事，很多孩子听过以后，一辈子不会忘掉。

比如我读大学时，给外甥们讲了一个小狮子的故事。小狮子的经历，我是纯粹靠想象力编出来的。但在那个故事之中，我穿插了人们熟悉的地理、历史知识，穿插了一些当时正在发生的其他事件。这种故事，孩子们往往听得哈哈大笑。我为何会对家中的小辈开展这种智育？这基于我小时候的深切体会。我的姐姐们都相当严肃，不常讲故事；可是，小姑妈却很愿意编故事讲给我们听；家里的老工人，也讲许多他们知道的故事，天马行空，也能讲出道理。

我一直认为，故事是家庭教育之中有效的一种工具，可以使小孩子在半开玩笑半娱乐的过程中，感受到故事里陈述的情节和道理，将它与亲历的生活经验互相配合，去理解周围的人，理解社会——社会上的人发生的事情，实际上也等于一个故事。

基于这些经验，我觉得我在家庭中得到了顺畅、全面且充分的智育，使我能够在没有读小学、初中的情况下，初次踏入校园接受集体教育，就直接入读了高一。不谦虚地说，进校以后，我发现我在家庭教育中所掌握的知识，可能多于一直在接受校园教育的同学。

这与我在逃难期间东奔西走，经历过生命之中的许多危机，看过山川河流的壮美风光，也见证过人间的种种悲喜交集的迷茫有关。这些经历对一个小孩子的启发性，远比在课堂里读过的唐诗、宋词，学过的地理、历史知识要深入。它能帮助一个人铸造自己的人格，懂得做人的道理，最重要的是，学会如何自处。

我受困于残缺的身体，没能接受最完整的学校教育。但我受惠于我的家庭，接受了最宽厚的家庭教育。为此我感激父母和兄弟姐妹，他们给予我宽大的空间，让我自己发挥、摸索和体会。

如前所述，我犯过一些一辈子追悔的错误，无形之中对别人造成伤害。时至今日，回想往事种种，对我坚持己见指出的那些不应做、不该做的部分，我不曾后悔。我懊悔的地方在于，当时可以做得更委婉、和缓一些，可以劝谏地指示，而不是严苛地指责。

垂暮之年，回首往事，我的忏悔是所谓“人之将死，其言也善”。但是，人最好还是不到老年就知道忏悔，常常回顾，时时改正。我不惜拿自己的一份教训公之于众，公之于诸位，是因为我盼望大家理解：很多事情，如果在少年时就知道反省，一辈子会少许多烦恼。

这是我作为一个九十多岁的过来人，对各位所说的话。希望你们教育自己的子女时，在智育、群育、德育之外，也教他们如何反省。至于如何养成反省的观念和习惯，无法以言辞传述，也没有参考的资料。像我这样的坦白和忏悔，或许是一个经验，我愿意与大家分享，知我罪我，谢谢各位。

在美国多元化的文化背景下，应该如何平衡家庭和社会在下一代教育中的角色和关系？[①]

美国教育的弊端在于缺乏中心观念，现在中小学教育甚至大学教育的本科部分，除了杜威的“实践观念”，并没有更精密、有计划的设计。例如，我们究竟是要培养一个完整的“人之初”，还是培养一个负责任、有独立能力的人民？凡此，需要更深入的讨论。同样，在中国，大概在教育理想上，有一些笼统的观念，中国是不是也可以有比较具体的构想，作为国民教育的目标？

至于完整的教育结构，在美国是有小学、初中、高中、大学本科、研究所、博士后等许多的阶段。可是，到现在他们还以为小学是基础教育，而他们的高中教育才几乎作为一般国民至少要接受的基础教育，甚至于在有些时候拿高中教育当作一般国民可以接受的教育的全部——进入大学，居然是一件奢侈的事情。

例如历史教学，美国的历史教学都不是以一个整套的系统作为教育儿童的范围的。一般言之，他们都是以零碎

---

① 答美国厚仁教育集团颜珂问。

的个例来教授知识，例如内战阶段的陈述，开拓时期移民的经验等，这许多零碎的知识加在一起，并没有提供完整的历史教育。人在十八岁以前，接受了一些基本观念，诸如人与宇宙自然的关系，人与人之间、人与团体之间的关系都应当是双向而又相对的。但是，在美国自由主义的影响下，“个人”的地位和意志成为最高的原则。在这个大原则下，任何人不能强迫别人或者劝说别人：什么是对人对己都有益的相待方式?

在今天，科技知识和社会的复杂性都到了相当高的程度，而美国青年如果没有经过大学阶段，即使在技术学校中学到技能，他在其他做人、做事、立身、处世各方面，也并没有可以获得适当认识的机会。过去有教会提供这方面最基本的知识，现在各种宗教都式微。一个青年如果不上大学，将终身糊糊涂涂，其唯一可以满足自己的场合，可能就是下班后饮一杯酒，面对着酒吧中的大电视机，看一场球赛，如此而已。

美国是个移民社会，每个人都来自各方，至少他们都可以算得出哪一代是第一代的美国公民。如此多元的国民来源，如何拼凑成一个完整的美国社会？过去，各地的移民都会经过美国这一大熔炉，转化为美国人。后来，又觉得“融入”二字过分强调将过去丢掉，人人都成为美国大融合体的一部分。于是，在“二战”以后，二十世纪六十年代左右，就以“镶嵌”的观念为主了，认为所有的移民进入美国，乃是将自己的特色镶嵌在这一复杂的“多彩玻璃”之中。如此观念，强调每人有权利保留其自身原来的特色，下一步怎么办？是逐渐融合呢，还是继续“多彩并存”？到现在，这还是大家辩论不休的难题。

美国针对这种多元化的文化背景，有什么教育政策？我认为他们只有意见，没有对策。我的孩子出生于中国台湾，在美国长大，刚来时只有八个月。他刚上幼儿园的时候，回来问妈妈：“妈咪，为什么有小朋友怎么洗手都洗不干净，还不洗脸？”我太太说：“你带我去看看。”后来她明白了原委，以孩子能听懂的语言，对他解释道：“这个小朋友不是不洗脸，而是脸色比较黑，因为他从小就被太阳晒黑了。我们的皮肤颜色也跟别人不一样，因为我们晒的太阳比美国人多一点，比非洲人少一点，所以我们的皮肤是黄色的，既不白也不黑。”如此，孩子从小便明白了“多元”的存在。

美国的教育，愈在基层阶段愈显单薄，高等教育的部分反而比较成功，到博士教育的时候就相当不错了。但学到博士程度，其实已经不用你教他了，他会教自己。因为他已经不是学生，而是年轻学者了。

美国教育最大的优点，是注重培养好孩子群体共处的心态。一方面，孩子们从丰富的学生活动里，可以直接学习互相合作，这是身处多元文化中的孩子必须要处理的部分。但另一方面，在群体之间互相调和的目标，在这个世纪，却因为强调个人的权利，和学校中的群体教育往往强调的个人自由的口号，有时不免互相冲突。

我建议，华裔的家长可以鼓励孩子多多参与丰富的学生社团，打球、跑步、美术、唱歌……不拘泥于项目，也不要只在自己的圈子里活动。家长可以帮孩子创造这样的融入机会，邀请不同的家庭，组织家庭聚会。家里不够大的话，可以利用公园、教会、图书馆等公共场所。家长只需要旁观，孩子们自然会在实践中理解多元文化。如此，便在家庭教育中达成了群育的目的。

如今社会提倡“性别平等”，父母两人往往都在外工作，孩子被托付于职业保姆或职业辅导员，这是不得已而为之的事情。

美国也没有父母替儿女隔代照顾孙辈的传统，这些都造成了美国家庭教育这一环的缺失。但在中国，这一环还在：或由父母中的一方来承担，或由家中的老人来代替承担。所以，中国的家长要比美国的家长辛苦。美国的父母可以毫无心理压力，把孩子的家庭教育委托给专职人员或者专业机构，付费即可；但在我们中国，目前还不能，或者说尚不具备完善的制度保障。今天的中国面临一个难关，就是在转型期间，我们要做出一个决定：究竟是走美国模式，还是走中国模式？众所周知，中国模式我们现在走得非常辛苦，需要改良。

相信生活在国内的诸位，尤其是身为父母的读者，比我更感同身受。一个家庭里面有一个中学生的话，全家动员，各司其职，负责照顾、接送、辅导学业等等，往往闹得“鸡飞狗跳”。孩子自己也是忙得晕头转向：有太多的功课要学，太多的习题要做。今天，如果我们照着美国的模式走，我们比美国更累。面对这种难题，我们怎么办？

不过，美国中等收入的家庭，一份薪水其实足够养家糊口。如果两人中有一个人愿意调整人生的重心，阶段性地将时间和精力放在家里，或者两人共同协调时间，灵活调配出一些可以轮流陪伴孩子的时间，我相信孩子会得到更好的家庭教育，在美国这个多元化社会健康成长。

如果让孩子长成特立独行的人，是不是等于人生要冒更大风险？①

现在有很多家长，一边教小孩独立思考，一边却害怕他因此不合群。向来从众最容易，顺从最好管理，有不少家长会担心，如果让孩子长成特立独行的人，是不是等于人生要冒更大风险？就算家庭教育不以分数要求孩子，但学校论分数、社会论分数，家长又该怎么办呢？

评断学生成绩本身就不是容易事。中国都采用“百分制”评分，这种制度缺乏弹性。美国采用的是“五级制”，不区分具体的分数，弹性较大。只是，真正需要计算时，他们还是会将这五级分为12345，得到的总分还是差不多。

“百分制”是学来的，中国发展现代教育早期，无不以日本的制度为师。其优点是便于管理，缺点也很明显：一分之差，要让两个孩子决胜负——60分是及格，59分就不及格了，评判的标准过于绝对、僵化。

如此僵化的记分方法，由来已久，积重难返，并非一纸命令可改。不过，至少我们可以盼望，将这个难题提请

① 答深圳越众历史影像馆馆长黄丽平问。

社会的注意，也许慢慢可以有所改变。

在现状没有改变的情况下，其实也并非完全不可变通。有人尝试：**让学生自己历次的成绩互相比较，他的成绩是上升曲线，一次比一次好？还是下降曲线，一次比一次差？前者，加以鼓励，在分数上加权计算；后者，成绩较差，也是加权计算，予以警告。**

我自己进入辅仁中学读高一，因为没有接受过系统的小学、初中教育，学校对我的记分方法，是看我的学习进度如何，予以调节。每次老师总是提醒我：你的分数不是绝对分，而是以你的进度作为指针。我自己可以说是如人饮水，滴滴在心。他们对我的奖励或者警告，处处到点上，不需经过与其他同学的成绩比较，就足以对我提示，让我自知警惕。

家庭教育越早越好吗？[①]

中国有句古话："授人以鱼，不如授人以渔。"放到家庭教育中，也是同样的道理。很多人觉得家庭教育开始得越早越好，不要让孩子输在起跑线上，但**重要的并不是提前灌输多少知识，而是引领他学会求知的技能。**

一个是分析、综合的技能，我把这个叫"智育"。举个例子，我在无锡辅仁中学念书的时候，碰到三个老师，他们都不要求我们背诵。英文老师沈制平先生，教我们拆开、重组句子：一个句子里哪个是主语，哪个是宾语。他不教主语、宾语这一类的语法，就这么带着我们造句。从简单的句子，比如"我使用了这个"或是"我要什么"开始，把句子一路搭配形容词或者子句；从第一个同学提出第一个句子开始，挨个"接龙"，到后来原有的句子就可能发展为一个故事，至于这个故事是不是大家原有的计划，就不是重点了。但是，一个句子的复杂性，以及在综合之中分析、分析之中综合的能力，老师都不必提醒学生，学生就自然有所体会。

---

① 答超级有爱智能科技创始人元晓帅问。

还有我的数学老师，他永远强调一个简单的道理："等号"等于一个天平，左边拿走东西，右边也要拿走东西；左边挪到右边去，右边重了，左边得跟它平衡一下。他用这个形象的办法，教会我们代数、几何，并让我们掌握了不少公式和方程式。如今回想，他教给我们的不是知识本身，而是分析、综合知识的能力。

当时教我们语文的老师，他带念一篇文章，会要求我们分析：这一句是照应哪一句的？为什么这句在后面，那句在前面？为什么隔了三句，忽然一转，就另辟境界？而中间到接轨处，如何"串联"？他也和英文老师一样，让我们玩"联句"游戏。不过，他是把不同词句扔给学生，如"满天星斗"，让学生自行组合：成句、成段、成文章。这三个老师的教育方式，其他学校的老师很少愿意这么去做，但确实有用处。

辅仁中学很早就摒弃了百分制，老师都是拿上个星期的小考跟下次的小考对比，拿上个月的月考跟下次的月考对比，评判学生是否在进步。有一次我很高兴，生物科目小考得了B，结果到下次，老师给了我C。我不解地问："这是怎么回事？两次差别不大啊！"老师说："正是因为你觉得差别不大，没有进步，所以掉到了C。"我恍然大悟，到第三次考试时努力拿到了A。这种以自己来和自己对比的方式，很好地激发了我的学习动力，还让我时刻提醒自己，不要自以为是、骄傲自大。

对辅仁中学的教学，我心怀感恩，终身不忘。直到今日，我认为它是我最重要的一段求学生涯。辅仁教会我的学习原则，令我一辈子受用。这点我提供给大家作为参考，而且呼吁大家把这些行之有效的观念，传达给教育从业者们。

另一种重要的教育，前面我已经详细讲过，是“德育”，也就是教会孩子做人、重视自己和别人的尊严。这里我就不展开了。

没有留学经验的父母，可以通过什么途径引导孩子拓展国际视野？①

我的建议是，养成深入阅读的习惯，也不一定是看英文报刊，中文报纸上、网络上的国际消息如今已经足够多。多看评论，尤其是关于国际新闻的讨论——对读者而言，这是一个较为客观的园地，读者可以从中得到许多思考的机会。当然，阅读各种书籍或者报纸杂志，都会得到开卷有益的乐趣。如果时间足够，读英文不是很困难的话，好几本杂志都值得推荐，比如《大西洋月刊》。还可以在你的朋友圈里，彼此交换意见。现在是信息爆炸的时代，对各种信息要有所选择。当然，读得多了，慢慢可以有自己获取信息的标准和方式。

我在美国居住数十年，见过许多同胞。如果不在学界工作，说实话，他们既不看英文书，也未必看中文书，自然也就没有多少自求进步的机会。即使是在学界工作的同人，也有些人十分专注于自己的专业，越此界线他可以一无所问、一无所求。

① 答北京今亮后声文化传播有限公司创始人张今亮问。

如果想让孩子拓宽视野，最重要的还是令他深入阅读，在这个过程中，逐渐掌握筛选信息、分析内容、深化认知的能力。比如，如何判断巴以冲突消息的准确性？如何追踪其来龙去脉？这一议题的相关信息，随手可得，朋友们也无妨试试，应当会发现其间的天地广阔，足以培养自己的思考能力。

如何看待“学术欺诈”（academic dishonesty）？①

我们许家的家训之一就是“不能说谎”。关于学术欺诈，我有一个亲身经历：退休以前，我经常接受学术团体（学校、学会、基金会等）委托审查有关申请案的学术价值。举例言之，为一家华人在美设立的基金会，审查学生奖金补助申请。学生的申请书内容是否合格？学生是否值得这个基金会加以奖助？后来我们发现，送来的申请资料，十有八九经过编造。有些学生的中英文自传，中文作文，往往一眼就能看穿乃是家长代笔。而课外活动部分，也明显经过系统组织和精心安排：输一次血，有一个记录；做一次义工，有一个记录。但看孩子自己写的呢，倒是诚实的报道，与代写风格截然不同。

一旦遇到这种现象，我会原封不动打回去，警告家长不要再犯。如若还有下次，就曝光给孩子申请的学校。我坚持如此原则，即使学生父母可能怨恨，我自问无愧于心，因为我是在救他们的孩子，从谎言中自拔。后来，这个基金会收到的申请越来越真实。

---

① 答哥伦比亚大学国际招生主管 Vicky Yang 问。

既然在哥伦比亚大学担任招生主管，就得有点“狠心”，不要怕得罪别人。造假不问理由，立刻取消。既然在这职位上，就有很好的机会，可以去矫正不良的社会风气。

内向胆小的孩子，如果想去国外发展，有什么需要从小，从家庭教育方面培养的呢？[①]

如果孩子胆小，在孩子年幼时，家长无妨陪他参加小朋友之间的游戏。不过，要明确告诉孩子：**参与者是小朋友，大人们玩不来，你们一起学着玩。**在如此的陪伴中，家长细心旁观：孩子如何展开社交？如何培养自己的朋友圈？家长也可以和其他家长接触、交流，如果发现彼此可以交往，就无妨主动邀请小朋友来家里做客，让孩子自己的社交圈慢慢扩大。

我的经验是，**儿童时代结交的朋友，可能是之后三五年的好友；高中时代结交的朋友，可能是一辈子的好友。**我儿子和小学时代的同班同学成为挚友，到今天他们已经五十多岁了，两家人也一直是好朋友；友谊还从他们延伸到他们的孩子之间。有一年，我们家不幸失火，儿子正好在外出差。他的朋友在家里看电视时，得知我们家失火，第一时间赶到现场。警察封了路，他说里面有他的家属，警察就放他进来了。他帮我们安顿好一切，接我们到旅馆

① 答美国厚仁教育集团杨洪顺问。

暂住，为此我特别感激。

总之，运用之妙，存乎一心，我相信你有这样的智慧。

教育

第三讲

教育的根基与启蒙

第三讲，我想针对中学教育提出我的一点意见。大家都知道，关于中学教育的感想，很多是我从辅仁中学的经验中获得的。

中学对孩子来说，是从儿童走向成人的过渡阶段。中国传统的“冠礼”，放到现在，差不多是在中学这个阶段举行的。“冠礼”以后，意味着孩子就成人了，台湾将这一过程形象地称为“转大人”。

这一关口非常重要，我想从两个方面来讨论：一方面，中学教育该选择什么样的课程项目；另一方面，中学教育的方式是否需要调整。

先讲教育的项目。通常，中等教育的主旨是向孩子传递人类的知识，这一阶段进行分门别类的教学，打下基础，如此观念是准确的。过去几十年来，无论中国还是外国，中学教育的思路，都是对知识进行分科：数学、语文、历史、地理、政治、化学、物理、生物等，每一学科都是独立教学，与别的学科之间联系不多。现在已经到了二十一世纪，人类知识的范畴在不断拓展和融合，不同的学科之间做不到泾渭分明，反而息息相关，哪一个科目都不能脱离相关科目独立存在。因此，我认为传统的学科分类方法，需要做出一些改进，此为其一。

其二，学科自身发展的方向渐渐趋同，也就是说，科目之间的相关性越来越多，重合度越来越高。我认为，**在中等教育的阶段，不仅应该向学生单独地灌输每个科目的基本知识，还应该留意：怎么让学生体会到不同学科、不同层面之间有相关性？怎样将不同学科、不同层面灵活联系到一起？**

比如说我们现在有了信息科学，尤其是计算机大量地运用数字统计、运算之后，许多量化的过程，诸如ChatGPT等新技术，已经极大改变了过去人类的工作模式。

我上中学的年代，距今已经相当久远，从那个时代走到今天，人类的知识体系已经发生了很大的变化，我们必须意识到不同学科之间的关联性以及知识的融通。希望今天的老师们，能够多加留意我提到的第二点。

关于前述量化问题，我展开讲一讲。今天，我们发现：几乎所有的社会科学都会用到统计学。统计学不是简单的加减乘除、排个图样，列出它的各种曲线，如成长曲线、衰退曲线等等。统计出来的数据、曲线、分析结果有很多可用之处，相关性的研究、同步性的研究，几乎都可以做到。我自己的经验是，从博士阶段写论文开始，就必须注意将各个科目的理念和方法互相联系，这才是统计方法的基本要件。我在自己的学位论文中，讨论古代中国的社会阶层变动，这方面体现出的统计数据，其实不仅牵扯垂直领域，还兼容横向领域的方方面面。基于上述实践经验，我认识到：今天我们教一门科目，应该指出这门学科和其他学科之间难免存在的相关性，强调学科之间多方面的观察角度。

举例言之，我们看待国家收入与个人收入之间的关系，会牵涉到经济学、产业分类、人的行为、家庭结构种种方面，其中还可以彼此切换。根据对统计数据的多方面研究，我们可以更清楚地理解：一个社会之中，哪一种族群占多数，哪一类型的家庭占多数，哪一阶层收入占多数。基于统计数据，我们可以更进一步理解一个国家的稳定性如何，社会的公平如何。如此思维，都可以在教学时培养。

另一角度，则是系统的讨论。在我读中学时，系统论的观念几乎很少出现于数学教育的课本和课堂上。系统论的研究，其实不局限于任何单一学科。这种思考途径，可以用于社会学、经济学、政治学，用于解读市场规律、国家政治制度、社会稳定，甚至据此分析战争的可能性。

以系统论的观点来看，没有一种现象是孤立存在的，所有现象都可以连接在一起，套套叠叠，成为网络，而且其间的各个部位彼此互动，时刻调整网络的稳定性。从任何一个角度看任何问题，几乎都可以由网络观念和系统观念处理个别现象、个别单元的互联和互动，汇总为存在的常态和变动的方向。

从人体自身来看，我们先看见系统，消化系统、内分泌系统、生殖系统、呼吸系统等八大系统。系统之下，是组织，上皮组织、肌组织、神经组织、结缔组织。组织之下，是细胞。细胞之下，则是构成的大、小粒子，它们怎样围绕中心运动？其内部的质能如何转换？如何衰变？总之，各种各样单独的个体、不同层次的个体，在人体里边互相分工，形成生命的循环。

再将视野从我们自身的微观世界，转向我们生活的宏观世界。如何看待星球的关系，卫星及其围绕的行星的关系，行星及其围绕的恒星的关系，个别星球与其所属的星系之间的关系……凡此，不外是一个层层套叠、彼此镶嵌而成的大小整体。比太阳系更大的是银河系，银河系之外还有无数星系，星系又构成星系群……

这里要提到一个类似数学中“负”的概念，就是“黑洞”。在传统物理学理论中，宇宙中可观测、可测量的物质，各种有量和质的粒子，是有序的存在，即“正”；而“黑洞”则是无序的存在，即“负”——所有被吞噬掉的物质和能量，都被其吸纳。只有这样，才能尊重最基本的数学规律，维持等号两边的平衡。随着物理学的发展，一百多年以后的今天，“黑洞”已经从一种广义相对论中的假设，转化为被观测到的目标。

用这一观念来看，我们人类社会何尝不是如此？我们从个人到家庭，到社区，到国家，到大社会，到全球社会，一层一层，每个层次与另外一个层次之间，既是套叠的，又是相连的。人类社会有没有类似“黑洞”的存在？也有，比如罪恶的团体就是“黑洞”，经济的亏损就是“黑洞”。你我都有的偏见或者愚昧，何尝不是理性的“黑洞”。

所以这种观念在数学里面常常出现，从正数的无限大到负数的无穷小，都是连续性的过程。如此构想，让我们可以用来参考和判断各种现象，小到人体之内，大到宇宙之外，都被层层叠叠地笼罩在规律分布的网络和系统之中。这种观念对我们的日常生活有没有影响呢？有，它影响我们认识个人和群体之间的关系。

在中国，五个人即可算作一群：其中既有一对一的关系，例如父子、母子；也有一对多的关系，例如一个人可能有许多兄弟姐妹。这五个人彼此之间，也隐含着社会关系，比如亲属社群、邻里社群。一个人可以分属于不同的圈子，我们既是亲属社群中的一员，又是邻里社群中的一员。这种一对多的关系，形成许多不同的圈子，它们套叠在一起，最终构成复杂的网络和系统。人套在不同的网络和系统之中，既脱不开，也丢不下，所以个人与群体的关系是层层束缚、息息相关的，使你得到益处的同时，也必须尽到义务。

这种观念，在佛教的《华严经》中有很好的反映：无穷的世界宇宙，都在“华严网”中——一即一切，一切即一。其中有大有小、有正有反、有虚有实——有真实的系统，也有对照的影像。《华严经》纯粹是从 metaphysics，也就是形而上学来考虑的，这种构想自有它的道理。我们今天真正身处的宇宙、身处的社会，何尝不是如此呢？

如果，我们能在中学阶段的学习中就建立一种意识，让学生认识到各个学科之间并不是独立存在的，而是层层关联的；如此，我们或许可以在脑海中建构出一个包括自己的知识网络。如此，或可达到事半功倍的学习效果。

以我在辅仁中学的个人经验来说，如前所述，沈制平先生训练我们英文造句，从来不是把句子拆分开来，教主、谓、宾等称谓，或者介词、形容词有哪些用法，而是让我们在造句游戏中，感受它们是怎样从简单到复杂，生动串联在一起，能生出怎样的变化。裘维霖先生教我们古文，也是一样的思路。他从不逐字逐句讲，而是告诉我们这篇古文里有怎样的起承转合，各部分是如何呼应的，后面的哪句话可以和前面的句子联系在一起。一篇好的文章，实际上是鲜活的个体，其中的各个部分是有机结合，而不是僵化组合的。

在辅仁中学接受的观念，使我在今天很容易推而广之地理解各种数学关系的构想、量子力学的世界，以及社会学、经济学等不同的学科。这种套叠关系、系统关系、网络关系，有助于我们体会自己的人生，定位自身所处的坐标，以及思考自己的责任和权利。我们可以因此理解，生活的深度、广度，两个层面都是无穷的。

同时我也呼吁，今天的教科书要跟得上这个日新月异的时代。比如地理，如果只是教不同区域的划分、各种地理环境的差别，这种静态的地理知识是不够的。我们要引入动态的地理知识，多让学生体会国际之间的关联、结盟、冲突等种种关系的转变。国际关系又牵涉经济关系、移民关系、交通关系等等，将其与地理知识结合到一起来看待地理上的互相关联，这又是一个个体与群体的关系。

如果每种科目都采用如此的教学方式，或者学生能从类似的角度去理解所学的知识，我想教学程度会更加深入。

还有一个细节，使我在辅仁中学学习的阶段得到极大的益处。我们上课，不只是在课堂上听老师讲课，老师会把我们编成八到十人的学习小组。当天下课以后，大家都不回家，同一个小组的成员坐在同一个角落里，共同温习当天的功课，把学过的知识复习一遍。

某一科目强的学生，则主持相应科目的复述。如此方式，对掌握数学习题尤其有帮助——一人解一题，讲给大家听，很容易，大家都懂了。这一过程并非抄袭，因为大家共同讨论、共同演算，每个人都参与了思考的全过程。

同样，解释一篇论文，解读一个历史事件，分析一个地理问题，甚至讨论一场生物学解剖，都可以采用这样的小组讨论形式。

如此教育，引导我们领悟：**知识是扩张的、动态的，而非封闭的、静态的。这种理念如果能贯穿孩子的成长与学习，会让孩子养成宽广的心胸，对他将来处事做人大有帮助。**

最后我想对大家说的是，即便我们要经过考大学这座“人生的独木桥”，也不要太在意一时的成绩和分数。只将自己和过去的自己相比，是进步还是退步？有没有学到更多、渴望更多？数学习题是永远做不完的，英文单词是永远背不完的，要想获得清楚理解，主要在于掌握学习方法和思路，去有效地提升自己。

求知是一生的志业。在辅仁中学读书时，我的成绩不过中等偏上，但我从考上大学到博士毕业，视野越来越开阔，知识也趋向全面。讲述这些的时候，我几乎回到了我的辅仁岁月，过去的一切历历在目。这是我生命中最重要的阶段，它没有用分数证明我，但它奠定了我一生求知问道的基础。

辅仁中学的教育给人最大的滋养是什么？[①]

辅仁带给我的教育，是教会我思考问题的方法，而非简单的背诵；是教会我怎样理解世界、理解他人，而非教我如何服从。所以，从辅仁中学出来的学生，个性都很解放。是辅仁给了我们自由发展的机会，让我们能保持独立思考。

一方面，辅仁给予我的教育，不是“给一筐鱼”，而是给我钓鱼竿，教给我钓鱼的技术，让我到太湖边垂钓。这个是辅仁对我最大的恩赐，让我一辈子受益。什么是“钓鱼竿”呢？就是思考、分析、综合、推演问题的思维能力。这是研究每门学科都需要具备的能力。但是，假若老师们只是让孩子去背诵，知识点背得再多，也学不到真知识。

我在台湾数十年，台湾有几家明星中学，其中有一家，校长是一位终身以教学为志的“老小姐”，她的教育理念就是教人背书。所以这所学校出来的孩子，大学联考[②]

① 答辅仁中学学生谢依欣问。

② 大学联合招生考试（简称大学联考），台湾地区 1954—2002 年间实施的公私立大学统一入学考试制度。

的分数往往很高。但是，进入大学以后，他们未必是综合能力最优秀的一批学生。因为他们不懂得从一个项目推演出另一个项目；他们所接受的，是“一个格子一个格子、一个抽屉一个抽屉”的学习方式，这种做法是需要商榷的。

很幸运，辅仁没有这样教我们，可是上述的教学方法，在台湾确实已经成为常态。台湾的孩子甚至要背数学题目——“数学难题”成千上万，怎么写得完、背得完呢？我认为，这是台湾中学教育最大的失误。

所以今天，我想对你们再三强调：不要背诵，要学着理解。知识不是死的，知识可以是“伸出钓竿去钓鱼”，只要钓上一条鱼，后边就可能收获一串鱼。

另外一方面，就是老师们对我因材施教，所做的个别辅导，令我感激终生。因为我是比较特别的学生，上不了体育课。别人跳跳蹦蹦的时候，我一个人坐在课室里。这时候，可能是裘老师或别的老师走过来，对我说：“许倬云，告诉我，这个星期，你读了什么？”我会如实与老师交流最近读书的体会。我后来才体会到，这是老师们的良苦用心。其实我的书读得比较偏，还很杂，程度参差不齐，常常是家里有什么就看什么，顺手抓来父亲桌上他最近在看的书，生吞活剥。到后来，如此生吞活剥的内容也勉强消化了。

记得老师介绍给我看当时刚出版不久的钱穆先生的

《国史大纲》，也介绍我看明朝顾炎武的书。在许多书中，我都感觉到，有一种学问是讲实学的、讲人生的、讲日常经验的。老师们并没批评我读书不专，而是常常肯定我："你在抗战时期的经历比没有逃难的人多。这是活的知识，看见离乱、看见死亡、看见悲剧。这种知识，留在家乡的同学们，的确一时得不到。"我很看重这些经历，在此后漫长的求学生涯中，我主动将这种生活经历融入学习中，不知不觉取得许多经验。

如何让教育做到有效地启蒙？[①]

教育的本意是使个体适应社会集体，而启蒙的关键在于自身独立。二者并不冲突。独立是人格的独立、心智的独立；适应社会集体，是与大家合作、交流，对人家尊重，也盼望人家对你尊重。哪怕是独居孤岛的鲁滨孙，旁边也还得有个“星期五（Friday）”，还有一大群羊。

有的人与你关系很密切，可能是情感的关系，同事的关系，朋友的关系。在不同的关系间，要探寻理智与感情的平衡。与什么人之间，情的部分比较重？与什么人之间，理的部分比较重？与什么人互助多于合作，与什么人合作多于互助？答案一定在你心里。但最要紧的是，你不是孤立于人群之外的，不能脱开人群独立。

美国今天变得越来越僵化、散漫的原因，是对自由的解释变成自由主义的放任。自由主义者觉得人应该被社会照顾，人是否回馈社会是自己的选择，有许多人就选择不回馈了。社会不是单指大社会，还包括小社会。这种人在美国也有很多，不是特立独行而是离群索居，这不是好现象。

---

① 答辅仁中学学生强梓婧问。

如何培养知识动态化扩展的能力？[1]

我一直强调的是，要有贯穿和分析问题的能力。比被动接受老师的灌输更重要的，是自己去组织、分析、理解静态的资料，从各方面去观察、体会、总结，获得动态的能力。天下没有“分析课”，也没有“综合课”，你要从各个学科发展的过程、各门研究工作、各种叙述任务中去逐一体会。如果你像我一样，有幸遇到沈先生和裘先生这样值得感念的老师，不断对你耳提面命，就会信服这种分析、解析与综合贯通的能力。假如你很少碰见这样的老师，也没关系，可以辛苦一点，从别人的书里去捡，从别人的谈话里去捡。

不知你是否还记得我前面讲的一个重要观点，那正是我对这个问题的回答——将静态的资料和动态的推演结合为一体。我想中国人都知道，《易经》有六十四卦。但是，很少有人告诉你，这六十四卦都是动态的，每种卦象都是从一个爻走向另一个爻，整个六十四卦，处在动态平衡之中。如果你好好看六十四卦呈现的态势，就知道它告诉你

① 答辅仁中学学生陆凯欣问。

宇宙万物都在动。所以“不易者，易也”，我们脑子里常常要想着，**这世上唯一不变的就是变化本身。**存着这个心，你看材料、思考问题就是活的。

就像禅宗的修持，不一定是打坐，也不一定是念经，担水、砍柴都是悟道的过程——从简单、不经意的生活训练，就能慢慢领悟到变化之妙。一桶水担着走了三里地，到地方一看只剩半桶，慢慢练到最后，三里地走完，整桶水还在，就知道这一路走来的变化；砍柴，第一斧下去肯定很难，整根木材完好无损，慢慢地越劈越细，直到能劈至筷子般粗细，巧劲运用自如，都是实践的功夫。

当小组讨论出现不同见解时，应该如何处理才能让合作更高效？[①]

这个是态度问题。共同学习，可以是互相帮忙，也可以是互相干扰，甚至吵架。吵架倒没关系，只要不破坏感情就可以了。辩论到激烈处，的确有可能吵架。但辩论与吵架的区别是，辩论是理性的讨论，吵架是任性的互骂。不同的意见，在讨论的时候可以一起交换，补充彼此缺陷，矫正自己的偏差。

我记得高中时，每天放学后有两小时，我们在教室的角落里组成小组，进行热烈的学科讨论。有的课题我比较熟悉，例如地理，我在大江上下多次颠沛流离，从内地走到偏僻的农村，对农民的生活，相较住在城里的孩子更为清楚。我可以补充给他们听，他们会觉得很新颖。如此"新颖"中，也有很多同情和敬佩——同情农民的艰苦，敬佩农民克服艰苦，尽其所能。意见不一样时，我们可以互补，也可以互谅：互补是知识上的互补，互谅是态度上的互谅。因为这不是"打擂台"，是互相帮忙，哪怕争执激

① 答辅仁中学学生钱宇彬问。

烈，心态上也不会觉得伤感情。只要你肯听，觉得对方的每一句话都可能对你有用，就不会觉得浪费时间。天下没一个聪明人，能胜过九个人的集体智能。一方提出意见，或正或反，或加强或补充，如此就不是浪费时间。相对而言，独学无侣反而往往浪费时间。

中学阶段，如何将美育与学科类科目进行融合学习？[1]

系统论几乎可以贯穿中学的所有科目，不仅是理科物化生、文科文史哲这些理性的部分，纯美的欣赏也有系统可讨论：例如摄影，虚与实、光与影、距离与空间，都是系统的关联。用武侠小说的话来类比：打通了这一经脉，全身的经脉自然畅通。如何才能打通经脉呢？不是“做苦工”，而是常常听人家系统地给你解释，学会系统的思考方式，并常常用于实践，以一通十——七经八脉是如此贯通的，不是靠呼吸打坐。得其道，一窍通百窍通。

如今的教育，生活实用类的科目常常被轻视。比如你提到的美育，台湾有一种所谓拿到“营养学分”的课——很容易通过，不需要花费太多精力学习，好让学生来补别的课程的平均分数。在我看来，“营养学分”里边其实有高度的营养。

我就是一个不能以学科来限定的人，《求古编》这本书，尤其是序言里，就是将系统论与统计学的知识与人文历史研究打通的贯通性的思考，一个大的模型的建构。

---

① 答辅仁中学学生胡峻恺问。

中学生应当具备怎样的学习方法和态度，才能从考试中脱颖而出？[①]

假如我是阅卷人，遇到两个学生：一个照本宣科，用标准教材的标准答案，一字不差写下来，我就会知道他没读书，他在背书；另外一个学生活学活用，写了一篇虽简短却条理分明的答案，我就会想给他高分。打分数的人，不全是糊涂人，活学活用到达一定的程度，一样可以在应试教育里脱颖而出。“只要功夫到，不怕没人要。”掌握了某个能力，自然会有人赏识你。

如果你好好地活学活用之前我提到的方法，实在的知识是“活”的，不会跑掉，也不会僵化。

我希望大家向辅仁中学的老师们转达我的致敬和问候，我作为老学生向他们致敬、致谢。我的家族经过几十年的颠沛流离，分散各处，留在无锡的没有几人。但我眷恋故里，将来死了以后，也要归葬故里。

① 答辅仁中学学生李名悦问。

教育

第四讲

大学教育的转机

年轻人进入大学，选择就读哪一科目，是很重要的事情。对此必须有相当清楚的了解，才可以确定自己毕业以后，是否愿意在这一专业终其一生。将来的工作是做研究还是做实务，都需要自己在此刻初步决定。报考以后，如果为自己的选择感到后悔，一样可以在大学头几年，申请转系甚至转校。

大学的时间很宝贵，如果常常更换人生规划，难免浪费时间。所以，我的建议是：在进大学以前需要认真考虑，此生最想要做什么事情。当然，也要根据自身的现状决定，目前大概到何等水平？可以申请什么学校，哪一专业？

选择科目时，千万不要“赶时髦”。同时，也必须要顾虑到所选专业究竟在自己的生命中是否合适。例如，有人觉得应该选高科技相关的专业，因为那些专业，代表着将来收入较为可观。这时候，就必须考虑自己在数理化方面，是否真正有兴趣，自身能力是否符合高科技专业所需。这些都需要在内心衡量——不能冒失，也不能全让他人，包括家人，代为决定。

在此情况下，我的建议是：第一，要反复自问，在心中列出自己的理想排序；第二，可以和老师、家长充分讨论，多方面听取大家的意见，辅以判断；第三，如果仍然犹豫不决，也可以求助专业的机构，做专业的意向测验。

以医生的职业为例：若只因医生收入高就报考医学院，也可能是一种误解。医生待遇固然不错，但很多学医的同学，毕业后就忙于工作，没有罅隙不断进修，而只是以有限的知识应付门诊。例如内科，一般人生病就是有限的几个类型，症状就是那几种，用药就是那几个组合。如果一个医学生，毕业后始终在一线的门诊执业，到后来可能会感到厌烦、无聊——每天看的大多数病人，都是在几个模板中做选择，并没有智力上的挑战和能力上的提升。也有些病人，比如老年人，其实已经没有太多改善的可能，甚至于被误诊，还继续服药、做手术。

医生这一职业看似神圣，实际工作内容可能相当枯燥。我确实看到许多没有所属医院的医生——也非在医学院工作，他们的生活相当忙碌而刻板，既没有时间好好看病，也没有时间进修。我说这句话，并非不尊重医生，而是希望大家能够看到更真实的情况。相反，我对医生怀有极大的尊敬，因为我一辈子是病人。

又例如，今天很时髦的高科技专业。这个时代，硬件、软件的发展日新月异，一个小突破可能就是大事情。参与突破性工作的人，会获得相当好的回报，日常待遇也不错。可是，千万人中，有几个冲锋陷阵的人？他们承受压力，为了工作投入如此精力，而突破的关口，“成败”二字可能就在转瞬——只要比别人晚一步，可能多年的研究心血就白费了。越是在高科技行业，这种挑战和压力越高。

另有一些高收入工作，例如律师、会计师，还需要考虑自身是否适合。律师事务所处理的事务，基本上都是纠缠烦人的问题，其间往往还会面临一些两难选择：面临当事人刻意隐瞒的谎言，是否勉强做下去？帮当事人隐瞒，还是凭着良心不这么做？这些关口，卡住太多人。在此，我并没对这些行业有任何歧视，只是想强调：**年轻人选择将来的就业方向，要弄明白现实生活中，这个行业真实的状况。**

进了大学以后，除自己选定的科目外，还需要多多旁听相关专业的课程，旁听之时，也需要用心学、用心做。在如此过程中，也许可能发现一个自己真正适合的学习项目。这一过程，往往也会在将来，对自己选定的专业起到相当程度的作用。

至于转换专业，最好在大学一年级完成——这一阶段所做的决定太重要了，有可能决定此后一生的发展方向，而且无法再回头。若是等到大三想明白了，确实要换方向，宁可自己降级，换来充分学习的时间。

1949 年我随家人到台湾，在台南二中读完高三下学期，然后参加联考。当时联考申报学校和专业，需要到台北市直接报备，所以我拜托一位长者代为报名。她考虑我身体伤残，毕业后最好能找一份不必每天上班的工作——如果读外语系，可以在家做翻译或文书工作，仍旧可能得到相当的收入度日。所以，她替我报了台湾大学外文系。

入学以后，我也很喜欢外文系，但后来我发现自己真正的兴趣在历史上。历史系的师长们也鼓励我转过去，他们觉得我联考的文史成绩比较符合历史系的要求。于是，我就转到了历史系。这对我来说是一辈子的大事情，我终身无悔。

后来，我发现外语系的课程仍旧很吸引人，于是我还是多选了一些英语学分，又旁听了英文散文和英国文学史的课程——我觉得这是将来历史研究的工具。

那时我年纪轻，吸收力强，如同海绵一般，吸收的资料都可以记住。在本科阶段，我修了差不多四分之三外文系的必修课。历史系的同学不将我视为外人，外文系的同学也始终认我是“本系”同学——我结交的朋友里，外文系的人数恐怕比历史系的更多一点。同时，有些历史相关的科目，例如考古人类学课程，我几乎都选了。此后我一辈子的研究工作，在考古方面的项目，居然占了不小的比例。

因此，我在台大几乎读了三个专业：四分之三的外文系，全部的历史系，四分之三的考古系。在旁听考古系课程时，我进一步厘清了未来的发展方向；在外文系，我学到了英文论文的写作技巧，接受到相关的专业训练。这是我个人的一点经验，供大家参考。

相较高中阶段繁重的课业，大学生自己能够支配的时间也不少。知识没边界，学生趁此机会，可以多接触不同领域的知识。

此外，大学阶段的朋友往往是一辈子的朋友——进入职场以后的朋友，彼此之间往往有业务上的冲突、工作上的竞争等，很难真心实意。

最后，我对大学老师们也提出一个请求。希望老师们对班上的同学，尤其是那些学习有困难的同学，要多多注意。他可能有不得已的原因，诸如家庭环境、经济状况等因素。老师如果用心与学生谈话，讨论、解决这些问题，或许就能对一个快要倒下的不幸者予以援手，也许因此成全了一个人的终身。

我自己做过老师，也做过学生。对各位师长，课里课外的教育、关怀、指导，我感佩终身。学校对我特别照顾，分配学生宿舍时，尽量将我和舍弟翼云（他的专业是化工，因为他是插班生，入校即是二年级）安置在同一宿舍，而且提前分配，使我们可以安心读书。

在台大，我学到的不仅是专业课本上的学问，单单从校长傅孟真先生的为人上就学到不少。他为人正直，为学专注，对学生的教诲是“爱国爱人”——这四个字，真要全做到，并不容易。所以，在文学院门口有一个“傅钟”，晨昏钟声提醒我们为人与做事的基本原则。

我在台大的岁月，本科四年，硕士班三年，后来出国读博士，回来又在台大工作八年。我视台大为求学方面的“老家”，这一份情感不是每个学生都能了解的。台大教我做人、教我思考，也教我处事。对母校，我永远感恩。

大学生如何用不同学科的思路来解决现实问题？[①]

不同科目所教授的内容不同，但又具有内在的关联性——运用之妙，存乎一心。例如政治学、经济学与哲学三者相较，政治学、经济学的关联性较近，但是，政治学与经济学寻根究底，会上升到哲学思辨的层面来讨论。例如，经济学上的凯恩斯主义与马克思主义，都有一定哲学假设的成分。

凯恩斯不太关注人性，而主要讨论货币的问题。但是，现代自由制度下的社会主义是人性的，这就与哲学有关。唯物论的社会主义和当时机械性的宇宙论，确实有关系。马克思自认为是哲学家，但十九世纪的哲学范畴，与今天迥然不同：他们那个时代，刚刚步入前现代。牛顿物理学的世界，充满了自信，以为人类已经掌握到全盘宇宙与人事的方向。因此，知道这些方向的人，就有可能设计未来发展的形态。

如今看来，那个时代的乐观，是相当于少年时代的孩

① 答北京大学2018级PPE（政治学、经济学与哲学）专业学生郑圆问。

子，人类自以为对现在和未来的世界都有充分把握；同时，马克思提出西欧历史的分期演化，作为他理论的基础，这一部分如今看来也只限于欧洲近古时代的变化，并没有普适性。何况，欧洲历史，甚至于如他以为是如此，世界其他各处天然条件、文化背景和历史的演变，都不能以欧洲一处的现象作为历史准则的基础。

所以，在每个时代，不同科目之间的关系不一样，研究者需要自己从中安排。跨学科的研究，永远是将不同学科的某一部分建立关联性。然而，这种关联性也可能受主观的限制，未必都是经过仔细核对的，更不应以此为据作为普遍意义的原则。

如前所述，我大学本科同时读了历史系、外文系、考古人类学系三个专业中比较重要的课程。三者之间的关系，就是我自己来安排，学校并没有管我，也未曾给我可以参鉴的经验。

我这辈子，赐我教诲最深切的师长，乃是考古学家李济之先生，他是当时人文社会学科中，按照逻辑和资料自律最严格之学者。我不但上他的课，也做他长期的助手。他在学术上给予我许多训练：设计一个研究计划，规划一个研究单位，管理一个研究单位，等等。后来我能够顺利参与规划和运作一些有关的业务，基本就是秉承他教导的方针。

我无法与你们各位面对面，随时将学术的谨严当作我们讨论的准则。这一部分，只好你们各位自己去体会。同时，我也相信：在你自己的师长之中，或许可以找到另外一个李济之先生，他会帮助你随时检查自己，也随时考核自己的假设。

在海外学习期间，如何充分利用时间？[①]

我在芝加哥读书时相当自由——是我自己争取来的自由，而非学校给予。系里的课业我正常修学，至于选课、旁听，都是自己的事。人文学科弹性很大，只要和导师能相处融洽，跨专业的选课、旁听，他通常都会同意。

当年的芝加哥大学宗教系，有一位很重要的宗教学家米尔恰·伊利亚德（Mircea Eliade），他是罗马尼亚人，讲的法语比英语还难懂。因为这个原因，他没有多少学生，但学问其实好到极点。他当时有兴趣研究中国道家思想，全芝加哥大学对道家有兴趣，有能力阅读相关文献的人，在他身边的师生，只有我一个华人。所以他找到我，让我把《道藏》的某些部分翻译、解释给他听。他与我讨论的问题，还包括“元神”等非常抽象的概念。我的法文不够用，英文还可以；有些地方他以为自己讲的是英文，其实是法文——罗马尼亚式法文，十分难懂。我们以两种语言，手舞足蹈地说着，再加上画图来沟通意见，讲着讲着居然讲通了。这是相当意外的一个收获，我终身感激。与他交

① 答北京大学 2019 级学生申翊辰问。

流，我才了解宗教学关心的项目是什么，如此思维上的启发对我帮助很大。

专业知识的思维，在海外要不要重点学习培养，这由你自己决定。若有好的导师，他们会帮助你，让你知道自己哪部分有所欠缺，应以适当的方式加以弥补。例如，一个中国人到美国或英国学习英国文学，可能没有读过中古英文，没读过全部的莎士比亚，一位好的导师，就会要求学生补上这部分内容，哪怕每个晚上少睡三个小时，也要补足。诸如此类问题，可以与导师磋商解决，不要担心他不同意。

我发现许多中国学生到了美国，就一心埋头于本专业，所有的课都选在本系。中国学生习惯于制式的分配，不知道自己有很大的自由权去安排。当年我在芝加哥大学读博士，所选的课程就很驳杂，以至于导师顾立雅先生问我："你究竟该拿个什么学位啊？是人文学科通用的 Ph.D（doctor of philosophy，博士学位简称），还是中国历史考古学？"最后，我的专业被确定为"古代研究"——也不用放到哪一学科之内，也因此，我的毕业答辩委员会参与评价的老师也来自几个不同专业。

芝加哥大学的学位考试很开放：博士论文答辩在何时、何地，什么题目，贴在校门口的布告栏上。路过看见的学生或老师，答辩当天都可以进来提出质疑。我博士论文答辩那天，出乎意料，有个胡适之先生的好朋友来了。他听说芝加哥大学有个中国学生是胡先生介绍来的，所以特意来看看——他是好意，想替我保驾护航。

总体而言，美国的学术制度弹性很大，师生之间，可以根据实况做机动的调试。

如何戒骄戒躁，全心全意投入到自己想做的事情中去？[①]

现在，有一些学机械专业的学生，在学习的过程中，会感受到目前在工程技术类专业研究方向和职业选择的过程中，有挺多功利、浮躁的气息，很多所谓冷门的方向少有人问津。机械专业可以非常机械化、技术化；但是，也可以相当抽象地讨论物理方面的力的问题，以及结构的问题。该专业的学生将来工作以后，接触的人也不会少：同一个研究单位的同事，相关产业的企业人士、工人，等等，都会牵涉到机械以外的方面。所以，做纯粹机械专业的科研，同样需要注意到人、人性以及社会相关的课题。假如你将来做了厂长，怎样能使厂里的工人与技师不因阶级差异产生冲突？要做好这个调解的角色，需要专业之外多一些其他修养。

所以，**戒骄戒躁是很必要的自制。**很多大学生，尤其认为自己专业有优势、就业好一点的，比较容易有骄躁的心理。**“骄”是不可以的，天下没有“我做得最好”这回**

① 答北京林业大学工学院机械专业、北京大学国发院经济学专业双学位，2017 级学生梁潮问。

事；急躁更不好，任何事情都是水到渠成，没有“天上掉下来”“饺子一下锅就熟”的事情。所以，最终还是要让自己的“心”监督自己。

如果说有什么建议的话，我希望大家多看看人文科学方面的书，甚至多看点文学作品、听听古典音乐，可以调剂机械专业的枯燥感和程序化，对身心修养也会大有帮助。实际上我发现，理工科的同学听古典音乐的比例，常常高于其他专业的同学，甚至比人文学科的还多。

中式教育和西式教育，哪个在中国更有发展前景？[①]

中式教育的“唯成绩论”和西式的开放教育之间，存在极大争议——双方侧重点不同，并没有绝对的对错。中国也一直在尝试西式教育，很多立志在中国从事教育事业的人，难免会有所疑虑，不知从哪个角度出发。

我想，这不是中式教育和西式教育的差异，而是今天的中国处在特殊时空之下出现的问题。我套用一句习语：“为人民服务。”“人民”在哪里是一回事，如何为人民服务？如何为国家建设服务？这些问题不能空口说白话，要有具体的认识和界定，才不至于流为口号。

在西方教育中，学生选择某一专业，乃是根据自己的意向。相对言之，中国学生选择专业，考虑就业的因素会更多一些。当然，西方学生毕业后，也同样面临就业的种种问题。比如计算机专业有五位优等毕业生，谷歌要从中录取两位——被选择者没有多少自主权，这是市场自然选择的结果。非常不幸的是，市场的需求与个人意向之间往往不能直接配套，自古以来都是如此。所以，不能完全认

---

① 答北京大学 2019 级学生李承赣问。

为西方社会是开放的，西方一样也有比较保守、需要修整的方面。

我认为解决的办法，是自己在几个可能的选择中，选一个弹性比较大、与自己的意向较为合拍的。此外，一份工作接受下来以后，中间是否有腾挪的余地？可否转到其他岗位，转换工作任务？这也可以有调整的空间或余地。

同样，如果立志在中国从事教育事业，也会面临相当的限制。不过，自由权有多大的幅度，一部分是自己争取来的，不能听任分配。

这个问题我无法回答得让人满意，这是因为大环境不在你我的掌握之下。不过中国的大环境和其他国家一样，会随时变化。例如，大的局面下，有多少项目需要雇新人？那时候的科技到了哪个水平？现在都无法预测。等到配置改变、需求增多，你会有更大的选择空间，我盼望那天早日到来。

人们在接受教育时，该不该被规则内化？[①]

在大学生活中，很多时候学生会被教育去匹配规则。可是规则是物化的，教育是内化的，虽然很多学生终会屈服于规则，但会不快乐！可是，社会是人构成的，不适应规则即淘汰。这就会让很多人产生疑惑：我们受教育，到底该不该被规则内化？

规则是规范、约束。因此，任何生活的集体部分，都有一定的规则。大学生毕业以后，雇主挑选申请者也有规则，这是逃不掉的。正如在路上开车，没有交通规则是不可能的事情。当然我也完全理解，在中国现行的制度之下，规则多且遍及各处。可是相较而言，四十多年的改革开放以来，中国社会已经取得了相当程度的改变。随着民营经济和古典自由主义的发展，就业状况也因此相对过去，更注重市场的需求，而非根据计划做硬性分配。中国想要在国际竞争中保持既有的优势，那如此情况，将会继续下去。中国社会从计划经济的硬性管理，慢慢走到如今的弹性管理，经过了相当长的一段路。

① 答北京大学2019级学生张益萌问。

相对而言，美国社会工作的机会，过去是几乎完全根据市场条件。最近几十年来，市场条件中的国际因素，可能比国内因素更为重要。因此，美国与中国一样，劳力市场就业机会都必须在全球性的竞争中，扩大自己的需求，以应付他国大量劳力的投入，以至于压低了美国自身产品的竞争力。

当然，有些项目有其自身的特殊性。在现代科技日新月异的情况下，新兴的技术会增加就业机会，也会减缩传统劳力的就业机会。这是一条“不归路”。没有国家能完全凭借低技能的廉价劳力永远在世界市场上占低成本、高回报的便宜。

据我所知，医学院的情况就是一个例子。医学生毕业出来，实习地点是根据其填写的志愿，用电脑匹配的，其中劳力的调配，相当程度由医学院和医院做出，如何在进步与保守之间找到自己的支撑点，总体而言，决定权在雇佣者，申请人没有相对的发言权。医学以及其他高科技的范围，永远会在现在的平衡状态与随时可能出现的新状态之间分成两截；这两截之间，又随时可以调整。规则还是存在，只是看工作单位本身的定位和就业者能力的条件，彼此寻找立足点。

有很多人觉得自己会被规则迅速地约束住：人家希望你如何，你就表现得如何。我觉得问题要从另外一个角度看：如果一个求职者，自己以为属于高阶，而自身条件不足，意图借重外力（例如依仗势力），侥幸得到高职——以这种情况得来职位，对求职者本身其实不是好事。因为他一辈子都必须借重特权，那就超越了规则，或者忽视规则。这种情况，就不能在此讨论了。

我个人的建议是：在规则范围内，一定还有自由呼吸的空间；只要那个空间仍然存在，各种可能性——包括规则改变的可能性——就可以由我们亲自参与创造。

大学期间，要不要修双学位？[①]

我大学时修习了三个院系，今天的大学生也有很多人修双学位，但也有很多人会担心，人的时间总是有限的，时间分配广泛难以集中精力深钻一门。不受学科局限的阅读似乎也会使深入学习本学科的时间减少，把握不好博览群书与深入专精之间的关系。

我们当年读大学的本科生，年龄都差不多，在十八岁到二十二岁之间。那时候身体很好，每日睡眠时间不会超过五小时。我不能出去玩，不能看电影，也不谈恋爱，省了很多时间。如前所述，我选读的科目，在学校的规则之内，我自己旁听或多修了一些功课，而并没有破坏一个人只能读一个专业的规定。

我阅读速度较快，这对我的学习，大概有点帮助。当然，读书快并不一定是好事。假如读书潦草，就白浪费了时间。但如果你对所看的题目很熟悉，重点看自己不知道的部分，其他部分可以看得快些。

如果从我大学毕业的 1953 年算起，到现在七十多年。

---

① 答北京大学 2019 级学生刘亦凡问。

因为身体残废，很多事情我无法参加（例如体育课或陪朋友去跳舞等等），所以省下的时间，可以做自己喜欢的事。博览群书和深入专精，其实并不矛盾，我们可以用时间来互相补足。大学四年时间可能不够，但人生的修炼和提升是一辈子的事，你们还有长远的未来。

全球化和世界融合快速推进的时代，未来世界会走向隔阂与分裂吗？[①]

现在的大学生，成长于全球化和世界融合快速推进的时代。但现在随着疫情大流行，它已经不仅是公共卫生事件，有时还会被政治化。有很多人会担心，这是否意味着未来世界会走向隔阂与分裂。

其实，当前世界的改变，并不完全由于疫情或其他外来因素，而是由于知识领域的扩大和提升，也由于经济市场的改变。例如，全球化的市场已经代替了以前局部的国内、国外分野。

“二战”以后美国主导建立的游戏规则、地缘政治下的格局正在改变，这是不可避免的情况。我也希望经由这种改变，消除美国一家独大的现象——如此空前复杂的世界，也不是某一国所能掌控得住的。疫情的问题，到底是短期且不会永远存在的问题，我们很难将一切归之于这一特殊情况。

当前世界分裂的原因，是从前以政治立场划分的国际

① 答中国传媒大学、北京大学双学位，2017 级学生谢文琦问。

秩序，演变为近二十年来经济主导的国际秩序。今天国际阵容所谓“南方国家”与“北方国家”的分割，是经济上的输入国与输出国之间形成的对抗。中国是全球贸易顺差最大的国家，也就成为众矢之的，但如果不维持这种输出大于输入的贸易顺差，世界上很多国家都没有足够的生产供应能力。

如果以市场供销的条件为例：在过去相当长一段时间里，中国的麦子、大豆很大一部分是从美国进口的，因为美国大规模机械化农业生产，价格便宜，这就使得美国演变为农产品输出国、工业品进口国。美国的资本家当年自己将工厂搬到中国，如今悔之晚矣。从特朗普就任总统开始，美国觉得吃亏了，要将中国挡在国际贸易交往圈之外。特朗普提出的口号是：“回到美国第一。（make America great again）”这是“庸人自扰之”。但是，世界这盘“大棋”，落子时就得想到后果，不可能既要保留本来的棋势，又不损失棋子。世界在地缘政治上重新排列座位，在所难免，也许就在十年之内，即可见其端倪。

美国似乎正在巅峰时，其实败兆已现。近十年前，我就以自己所见所闻，出了一本《许倬云说美国》，分析客居美国六十年所观察到的现象。我在当初讨论的问题，如今不幸言中，这也是我甚为感叹之处。

当前的局面，“下棋”的主动方是美国，中国被动应对。中国必须镇静，应势而动——若是爆发战争进而失控，核弹一扔，大家同归于尽：谁都不想承受这样的后果。

所以，凡是中国人，不论在国内还是国外，都得留意自己的言行，别落人话柄。外面的大气候我们无从措手，只是希望同胞们在这风雨如晦的时刻，自己必须谨言慎行，镇静应对。一切事故，假以时日，必有解决之道。

教育

第五讲

人才是如何造就的

很多大学生，将来会选择继续攻读硕士、博士学位，在大学从事研究工作。在这一起步的时刻，我很高兴能与大家谈谈这方面的话题。

与大家一样，我也是在这个年纪接受各位师长的指引，慢慢找到自己人生道路的。从本科阶段起，我就认定历史研究和教学为终身志业，虽然很辛苦，但数十年来乐此不疲。如今我九十多岁了，还是愿意继续在这个行业做下去，到我不能做的时候为止。

现在，我想以曾经发生在清华大学的一件重要事情开始今天的内容。1925 年，清华大学开办国学院——这是中国现代学术史上，第一次有四五位最重要的学者聚集在一起，指导研究生。梁启超、王国维、陈寅恪、李济之，他们都是一代宗师，代表不同的研究方向，承担不同的任务，彼此间治学风格的差异也相当显著。

第一位，是年辈最高的梁任公先生。梁先生不仅是学者，还是中国近代史上启发民智的重要人物。他早年跟随老师康有为参与戊戌变法、主张君主立宪，后来办报纸、写文章，一辈子在奋斗，为中国的近代化以及弘扬民族文化而努力，也在当时的中国产生了巨大的影响力。可惜他没有看见中国真正走向现代和民主，五十多岁就愤恨以终。

梁先生聪明能干，以行动家的身份垂名，开一代风气之先。他人生后半段最重要的一项工作，是撰写报刊文章和学术著作，双轨并驾，介绍最新的学说观念，启发读者。他并非学院里的研究者，而是高瞻远瞩、评论世变，规划了自己的道路：以研究历史，指明未来中国的方向。

我十三四岁时，在重庆舅舅章剑慧家初次拜读《饮冰室合集》，深受感动。因为此书不仅文笔激荡，还感情丰沛。他将整个生命投入学问，以自己的感受与比较的经验灌注于笔端——这种风格可遇不可求：百年仅见，就这么一位“梁任公”。

在历史研究领域，我认为他最重大的贡献是，指明了中国历史是逐步开展的，从“中原之中国”，慢慢扩充到“中国之中国”“亚洲之中国”，最后推向“世界之中国”。近二十年前我写作《万古江河》，就是追随了梁先生当年的规划展开论述——任公先生的几句话，百年后的如我这般的读者受其余荫，其影响力何其大也。

梁先生的历史研究是宏观的，不太做细微的考证，也不怎么做专题讨论，某种程度而言，实际上是他以评议的方式写学术文章。他的《中国近三百年学术史》《清代学术概论》等著作，就是这一特殊时期，这一独特风格之下中国学术现代转型的产物。

任公先生有大抱负、大志向，把世界看得清清楚楚。前半辈子在外奔波，晚年回归学校时，已经老了，他将一辈子所见所得，回馈给学术界。他以历史论文的方式来发抒，想要给后来人指明方向。这样的先生，这样的风格，一般大学的科班训练，未必能培育如此人才。

第二位我想介绍的，是静安先生王国维，他的另一名号是“观堂”。这位先生也很了不起，天赋异禀，其专业由甲骨文考订、古代历史研究跨越到古典文学批评。他与梁任公都是绝顶聪明之人，同堂出现于清华大学，号为“导师”——其实，他乃一代宗师，岂止大学中的导师。

以我的专业而言，静安先生首先是甲骨文研究领域的重要学者。如今众所周知，甲骨文记录的是殷墟卜辞。但在静安先生触碰这一题目时，刻着卜辞的兽骨刚被当地农民从菜园里挖出。兽骨最初被称为“龙骨”，被当作中药药材贩卖，后来王懿荣等人才注意到写在上面的古代文字，但是没人认识。

中国最早参与破译这些古老文字，开拓甲骨学这一领域的学者有四位，号为“甲骨四堂”：罗雪堂（振玉）、王观堂（国维）、董彦堂（作宾）、郭鼎堂（沫若）。静安先生的贡献，是依据这些破译出来的文字，溯源了历代殷王的名字，排定其先后次序和在位时间的谱系，写出了《殷卜辞中所见先公先王考》等文章。

此外，观堂先生还发现殷周之间存在的巨大差异：殷人的制度，是历史演化的后果；周人的制度，则是设计出来的——从长子继承制到宗法和丧服制，再到封建制度与宗法的合二为一。他从殷墟甲骨卜辞的详细研究和比对中，发现周人设计了一套完整的制度，并进一步论述周人制度的重要性何在。他一只脚立足于过去的文献、考据，另一只脚则从现代考古学的角度，跨出了一个大的天地，这真是了不起的贡献。

观堂先生的第三大贡献，是以美学观点来讨论中国的文学。“境界”二字，就是他借鉴欧洲的美学理论，结合中国的文论传统提出来的概念。他所讨论的美学范畴，在于“自然”与“雕饰”之间的分寸。这是了不起的贡献，中国文学史上第一次有人从这种角度讨论文学境界的高低、文章的优劣。

他的《人间词话》，即是如此中西会通的产物，其开创性的影响绵延至今。在这本书中，他提出“境界”的“隔”与“不隔”。“语语都在目前，便是不隔”，作者铺设的意境，犹如一条小路延展到读者的眼前，让人能够直接领会，例如谢灵运的“池塘生春草”。“隔”，就是作者为读者架设了一座桥，但尚未打通，例如姜夔的“二十四桥仍在，波心荡，冷月无声”。

第三位我想介绍的，是史语所（中央研究院历史语言研究所）的前辈陈寅恪先生。陈寅恪先生当年是史语所第一组主任，我是史语所第一组的晚辈：仰慕前贤，真觉得后来者无人能企及他的境界。寅恪先生在诸多领域，做出了开创性贡献——对任何题目，他都会收集巨量材料进行分析、对比，在看似不起眼处发现问题的关节所在，借此贯穿材料，论述事实，最终一锤定音。

在此，我还要着重讨论寅恪先生的两本历史著作，其一是《隋唐制度渊源略论稿》。南北朝时期，中国北方已为胡人所统治。到了隋唐时期，尤其是唐朝，才逐渐建立起汉人的制度，从胡化背景向汉人王朝转向。这一长期历史过程中，以华化胡、以胡化华，二者间经历了复杂的演化。隋唐是我们理解中国的最重要的时代，种种制度、规章以及实践，都是汉人深受胡人影响后重新设计的。这个是大题目，可以分好几个方向去做。陈先生这本书，把这一前所未有的胡汉大转变交代出来，而且从此颠扑不破。

我要讨论的第二本书，是《唐代政治史述论稿》——在给著述命名时，陈先生习惯于在书名后加一“稿”字：虚怀若谷，同时也为后人留下讨论的空间。在这本书中，他将士族的兴衰及其与政治制度、政治事件、社会文化的互动加以综合考虑，以此角度解释唐代的政治面貌和历史进程；最终，民间出身的士大夫逐渐代替世族，完成了中国历史上的“中古之变”。上述两本著作，就将整个隋唐中国大的面貌勾勒如画，呈现了中古变化的重要面向。

寅恪先生是性情中人，既有学者的严谨，也有传统文人的敏感。他晚年寄身岭南，写了很多诗句，隐约表达了世变之中人的无奈。在生命最后十余年，他的视力已差，但还是倾注情感和心力写出《柳如是别传》。“窥见其孤怀遗恨，有可以令人感泣不能自已者焉。”

静安先生一生，历尽清末民初轮番世变，终于在1927年，自沉于颐和园昆明湖。他的死对寅恪先生有很大刺激，从人生价值与尊严而言，他们可谓同病相怜，前后辉映。两年后，清华研究院同人立碑纪念，陈寅恪先生应邀撰写了《海宁王静安先生纪念碑文》：

> 士之读书治学，盖将以脱心志于俗谛之桎梏，真理因得以发扬。思想而不自由，毋宁死耳。斯古今仁圣所同殉之精义，夫岂庸鄙之敢望。先生以一死见其独立自由之意志，非所论于一人之恩怨，一姓之兴亡。呜呼！树兹石于讲舍，系哀思而不忘。表哲人之奇节，诉真宰之茫茫。来世不可知者也。先生之著述，或有时而不

> 章。先生之学说，或有时而可商。惟此独立之精神，自由之思想，历千万祀，与天壤而同久，共三光而永光。

这座碑我想诸位都知道，至今还在清华大学校园里。

最后一位我想介绍的，是恩师李济之先生。前面三位先生，主要是从中国的史书、经书、文学作品中寻找材料、线索，李济之先生则注重从地底下找材料，我们可以称他为“中国考古学之父”。济之先生由清华学堂进入克拉克大学读心理学，后来又转入社会学、人类学，取得哈佛人类学博士学位。1925 年，二十九岁的济之先生受聘清华，讲授人类学、人体测量学、考古学等课程；1928 年，他出任史语所考古组主任，随即与梁思永先生分别主持史语所在城子崖及安阳殷墟的发掘工作。

史语所有两位“永远的主任”，寅恪先生是历史组永远的主任，济之先生是考古组永远的主任。他规划了新石器时代的考古，邀请梁任公的哲嗣梁思永先生，参与城子崖发掘，这是第一个由中国机构独立发掘的史前文化遗址。济之先生还领导了十五次安阳考古发掘工作，在此期间他规划了考古发掘的一系列规范：如何划定探方、区分地层、记录考古发掘报告，最后将同期的考古出土的标本依次排列，根据其艺术风格判断所属年代、文化特性和所转变的方向。直到如今，这依然是中国考古学上一个重要的方法学。苏秉琦先生受他的启发，将考古学文化分为“区、系、类型”三个级别——一方面是时间上的延续，一方面是空间上的延展。

这四位先生，当时在清华大学一起工作，这在近代中国学术史上是空前的盛况。我介绍他们的学术成就，是想告诉各位：**研究这个行当，每个人可以走不同的道路，每个人受自己意向及课题、材料本身的影响，会发展一种属于自己的方法学。**像李济之先生，他为人严谨、细致、一丝不苟，都是从学问中培育而得。

济之先生理性到极点，但感情还是很丰富。我是他一辈子最亲密的四个学生之一，张光直等三位致力于考古学及民族学，但不能在台湾追随他。我因为身体残疾，不能亲身发掘，在台湾陆续陪伴了他二十年。济老带我一辈子，教我一辈子，也训练了我一辈子。师恩罔极，终身感激。

今天有机会与诸位在此讨论，也借此机会纪念诸位恩师，向他们致敬。

大学最应该教授给学生的，究竟是知识的传承、技能的传授还是人格的培养？[①]

大学里的教师的角色，既为“人师”，也为“经师”。经师，是传递学问给学生；人师，则是培育其品格。“经师”与“人师”合一的学者并不多见，这需要机缘，也与其所从事的学科特性相关。

对学生而言，求学不单是求取知识，还是求取通识，以获得分析与统合知识的能力。这一过程，必须具备的心态，是自己检查自己的品性，这就是将来做“人师”的起码条件。“人师”的内涵不易察见，却需要师生双方彼此的信任和配合。如此，学生才能与老师产生近距离接触，理解一举一动，进而逐渐追随、揣摩，以培养同样的气质与能力。

举例言之，李济之先生教导学生时，有一个经常提的小故事：我们面对浩如烟海的资料，面对几十个遗址所需处理的问题，以及满屋瓷片、陶片、青铜器残片时，该如何处理？

我们几个同学，都不知何以作答。他进一步提问：假

① 答清华大学人文学院学生杜好问。

如在一块平坦的草坪上，有个小白球滚入草丛，如何才能找到？我们几个学生，互相瞪眼，怎么办？有人说用机器去搜寻，有人说站在高处往下查看。

先生说：将这块草坪以线条划分为若干方格，每行只容一人行走的宽度；只要认真将这些方格走完——每走一步都低头认真寻找，总会找到这个小白球。

这就是济老教我们的做学问的耐性，严谨的分析态度，以及从一开始就需要具备的规划、控制项目的意识和方法。此处这一范例，其实也教授给我们作为“人师”的基本训练：一丝不苟，循规蹈矩，一步一脚印。

台北故宫博物院，馆藏多为北京故宫带来的精品。其中有幅《溪山行旅图》，据传作者是北宋的范宽。尽管这幅画上有董其昌楷体的收藏字样，但宋画多缺落款，这幅画是否为范宽真迹，始终无法确定。

李霖灿先生是很优秀的画家，当时是台北故宫博物院的书画组组长，后来升任为副院长。因当抗战时期，中央博物院与史语所都在四川李庄，所以他也是济之先生的老友，也听过“小白球”的故事。于是在台北故宫博物院，他将这幅画平摊在桌上，以“找小白球”的方法，一点一点找。一个月之后，李霖灿先生终于在左下角的树叶丛中，找到“范宽”二字——在济之先生的提示下，李先生耐心地破解了千古疑问。

未来教育的发展趋势是什么？①

目前，中国许多地方省市在推进高等教育改革，经常有“大而全”的趋向，非要凑齐医学院、美术学院等学科门类。因为中国是个太大的国家，一个省的面积和人口，相当于欧洲一国；所以，各省的学生要有学各类科目的机会，至少要有一所全科大学。但不必每所都是全科大学，而且全科大学也不一定每个专业都提供博士学位。

我认为，大多数的全科应该停留在本科阶段，给予学生基本的高等教育。有些学科则宜“专”不宜“通”，比如医学院学生不必什么都学，但可以安排 20% 的时间学习相关科目，以 80% 的时间用来学医、实习。

美术学院的学生，则应该懂得文学、历史学和哲学等相关科目。通识教育与专业教育之间，要根据不同学科的特色及学生的意向而有所区隔，不能一概而论。

我执教的匹兹堡大学，在本科生教育中，除一般的文理学院等区划以外，还有一个“荣誉学院”，这个学院只有四年课程，容纳六百学生。课程基本上包括四个专项：人

① 答清华大学计算机科学与技术系学生张书宁问。

文学科、社会科学学科、生物学科、数理学科。每个同学在四年之中，要选一个专项再加一个副项，使每个同学都至少有一个半通识而有专项教育的专精素养。这些“荣誉生”，大多数会进研究所，读完博士学位。于是，这个学生的一生，兼具“通”与“专”的精英素养。因此，他的成就不仅有工作的能力，而且在求知方面，具备深入探索、追求高层理论的能力。

大学教育应该如何改善“精致的利己主义者”这一现象？[①]

北大教授钱理群先生曾提到“精致的利己主义者”问题：“我们的一些大学，包括北京大学，正在培养一些‘精致的利己主义者’，他们高智商，世俗，老到，善于表演，懂得配合，更善于利用体制达到自己的目的。这种人一旦掌握权力，比一般的贪官污吏危害更大。”

对于这种人，我是不喜欢的。有些人待人接物周到、圆融，学问也说得头头是道。这类人我们不能称其为“利己主义”，他只是将自己保护得很好，浑身都是盔甲和“金钟罩”，这一类人物，也有学问确实很好的。但是，以我个人选择，宁可把心思花在检索材料和思考问题上——做好眼前事，专注于本行，找到课题可能的答案，于我而言，心理上的报酬远比人家一句“你真好”更为重要。

大学与工作以后的职场，都需要处理“人”的问题：在一个简单的人心里，大学是纯洁高尚的求学殿堂；在一个有心机的人心里，大学则是可以玩种种花巧，占便宜、走捷径的地方。如何选择自己的途径，就取决于他自己了。

---

① 答清华大学人文学院学生刘育希问。

今天的世界如同“狩猎场”，也是“丛林”，丛林中有各种的地形与景色，以及各种禽兽：狮子、老虎、猴子……也有青山绿水，花花草草。我们身处这一“丛林”，更需要明确自己的选择，也能看清别人的面貌。不过，我还是要坚持提醒大家：**教育提供给人的不论是谋生的能力，还是追求真理的精神，都是一个高尚的情操，而非“混世界”。**

有些同学可能会说：那些八面玲珑的人，真能干，一辈子也抓不到他一点毛病。但是，我宁可踏实做事，哪怕因此被人冤枉，也不愿做一个他人口中“厉害”的、善于自卫的人。我一辈子遭遇的明枪暗箭数不胜数，我不在乎，也无法预防。其实滔滔红尘，遍地都是这种人，不但学术界，政治圈里更多，中国外国都是如此。不过我还是追加一句：**真正做人，不只是在一般人的圈子里彼此防范，我们真正的教育，是知道人生的意义，自己存在的目标，以及至少具备自己谋生的能力。**

很多人宁可学陶渊明“采菊东篱下，悠然见南山”，也不愿卷入这浪潮汹涌的世界；宁可韬光养晦，也不随波逐流。在我看来，这是自保，**自保没有错，只是人生在世，除生存以外，总还需要念念不忘存在的意义。**

五十多年前，我在“史语所”曾奉命编辑所内的系列集刊。一般的同人，都会想到所内的长辈，等于我们的师长。做学生的，如何可以审查师长的文章？但是，我奉命担任这一职务，就先向各位前辈告罪：我的任务，是替老师们查漏补缺，等于扫地、擦桌的工作，而不是妄自尊大，褒贬前贤。

因此，不论哪一位提交的论文，我都尽力找出文章中可以改进之处，论述表达可以修正之处。在各处标记之后，我一一送回原作者手中，请他们考虑。不幸，这一作风并未取得大家的谅解，反而招致怨怼。

但是，我的目的是要在台湾建立一个世界通行的现代学术规范，我宁可被人误解，也必须坚持。毁我一人，成全一种制度，我甘心。

如何看待大学生活中选择的多样性？[①]

现在很多学生觉得大学里选择太多，经常会很迷茫；但也有老师认为大学就是通过其多元性，让学生摸索自己喜欢的方向。其实每个人有不同性格，有不同的选择取向：有的人善于做专精研究，有的人善于做综合整理。凡此，都是意向，也是机缘：碰到什么样的老师，老师是专精一路，还是宽博一路，对学生后续的发展都会产生影响。做哪一类工作让你觉得舒服，或许这就是你的意向所趋；做哪一类工作让你觉得勉强，就要慎重考虑加以选择。

做研究最好的状态，当然是兼具专精与宽博，前述清华国学院的四位导师，都是如此。济之先生学问非常渊博，可很少写考古专业外的文章，而更愿意在本专业深入追究专题：这是他的选择。

济老从来不牵扯到政治评论，而我喜欢打抱不平。台湾当年风雨飘摇，政府中许多人的作风很保守。我从芝加哥大学毕业返台不久，对如此作风，认为是“知识上的乡愿”。台湾的局面应当励精图治，不能迁延苟活。

---

① 答清华大学新闻与传播学院学生张芷薇问。

于是，我不辞冒昧，主动和几位好友组织共同编撰《思与言》杂志，作为介绍新知、研究实际问题的平台。我们从近代政治学、经济学、社会学等角度，以学术论述的立场，也以职业写作的纪律约束自己，以评论时事。这一刊物，是我们同人彼此交换新知、砥砺学问的内部刊物。

后来，我们有若干同人，开始在报刊上撰写评论。逐渐，碰到重大问题时，报社会找我们发表意见："这个问题太严重，你们能否先'起个头'，让我们接上去？"

因此，在台湾逐步的变革中，知识分子自愿投入讨论当时最重要的一些课题，"开头第一炮"往往由我们来打。这种事情超越了我的学术本行，但是，在时代有此需要时，必须有人当仁不让。

我以为，一个读书人，在专业的学者身份以外，更要"做人"，担起"做人"的义务和责任。这是我自己选择的方向，也为自己招来诸多麻烦。只是，我既然自己选了这么一个途径，我不入地狱，谁入地狱？如今年迈，我不懊悔。

对大学生课业压力大，阅读量减少的现象，有什么建议？[①]

目前很多高校给学生很大的学业压力，许多学生因为课程作业或是其他网络新媒体，阅读量大大减少。当今信息时代，获取材料、保存材料、处理材料的方法和途径，要比过去方便很多。但是，同时也会存在信息量过载，无从选择的困难。我们需要训练自己，能够掌握“快读”与“精读”两种读书法。一开始你可以快速浏览，找到要细读的地方，做好标记——我自己即是如此，在快读时有所发现，就将那页折角，回头再消化；精读时，无妨细读之前的标记处，再从相关的课题扩展。所以，做学问如同“牛吃草”，要经过吞咽与反刍的过程——牛有四个胃，先储存材料，再细磨材料，最后消化吸收。

在过去，检索材料要靠个人的记忆力。想要找到所需的内容也很难，得借助索引——当年燕京大学编著了一套古典“引得”。我们在图书馆中，面对浩瀚如海的藏书，走过一排排书架，真是一筹莫展。现在的搜索引擎，是比“引得”远为便利的工具：一个回车键，即可出来成百上千

① 答清华大学车辆与运载学院学生窦则驿问。

条关联信息。所以，我们今天比前辈们幸福，找书、检索资料快而方便。

掌握快读，可以在第一步的检索阶段帮我们节省时间。但是，第二步精读时，就不能省功夫。假如有两条资料，其涵盖的课题基本类似，而得出的结论完全不同，就得小心面对，仔细对看，找出其中的差别以及差别的原因。这时候，自己就得明白这个课题处理材料的角度和方向。于是，你就学到了两种方法学，也掌握了二者之间之所以产生矛盾的原因和各自的优劣。经历分析、思考的过程，当然需要花费很多时间，更要用心才能有所得。如前所述，牛吃草需要反刍的过程，做学问更需要同样的反刍，不断检查自己的方法，才能持续进步、深入。长此以往，这种方法可以使我们不至于陷入错误，其实反而是上算的。

一个合格的大学老师应该具备什么品质？[①]

老师在大学教育中一直充当非常重要的角色。而“合格”与“理想”之间的差距，是一个大学老师需要面对的现实情形。如前所述，我的恩师李济之先生注重专精，但也有人与其风格全然不同，比如沈刚伯先生，纵览群书、学问渊博，他给我的启发是“框架式”的。因此，他的讲演是一种通论的宏观视角，在他西洋史的课程上，他的主要侧重点不仅是陈述国家的兴衰、朝代的起落，更要紧的是将这些重大史事的脉络，放在长程的历史的格局中，提示一些原则。他的专业是英国史与欧洲通史，可是他自己的中国史与中国文化的修养，也极为深广。于是，在他的课堂上，我们经常接受他提出的比较，与各国之间的历史图景，彼此对照；也就是说，他的教法是后世所谓的“大历史”。

此外，李宗侗先生主讲的是希腊城邦的历史和古希腊的文化。他和沈先生的教学内容，有所重叠，也有个人特色。李宗侗先生的教学资料，是以民族学来考量希腊古代

① 答清华大学生命科学学院学生李承谦问。

文化的内容，这就与沈先生从政治社会史长程的研究有相当差别。不过，两位先生的教学，对我的学习有极大的影响，因为他们是以西洋史的知识为我画下轮廓，使我后日治学，经常将欧洲的古代史与中国的古代史相比较。

沈刚伯先生与李济之先生的教学，有着完全不同的教学角度。学生很难在同一个老师身上，找到如此不同的两种专业陈述。将李先生和沈先生合在一起，使他们的学生学会了看同一桩事情，最好以宏观与微观两种层面和两种角度来分析。当时台大历史系的同学们何其幸运，从两位渊博的学者身上，学到了如此深入而又广博的治学方法。

我再以史语所两位老师的治学风格，说明前述多姿多彩的治学方法。一位是秦汉史专家劳榦（贞一）先生，他也是我们本科通史教学的教授。

在通史方面，他提纲挈领，讨论各个朝代政府制度的特色，因为这是他专攻的园地。他也讨论中国与北方游牧民族之间，剪不断，理还乱的种种纠缠。从他在通史层面所讲的方向，我们就可以理解：一位渊博的学者，竟可以笼罩朝代如此幅度开阔的领域。

当年，在他的讲课中，我们学到了从一个小课题看出大问题的治学方法。举例言之，他从汉人与胡人之间分割的长城，讨论到东半边长城的防御法与西半边长城另一种防御方法的异同；他曾经花费半个学期的时间集中讨论汉代玉门关遗址之所在。玉门关，如此熟悉的名词，经过他的讨论，我们才懂得，玉门关何以是中国与西域之间的“文化界关”。

为了确定汉代的玉门关究竟坐落何处，他找出七八个可能的地点，然后从中筛选，仔细论述地形、地貌、道路、河流以及从考古文物所见的关门结构：将典籍中所有的相关记载综合比较，才推测出一个最合理的结论。

请想想：一位大学者，将他自己治学的方法，如此细致地交代给学生，甚至于不惜以半个学期的时间，集中于“玉门关”三字。能够做如此仔细讨论、教学的学者，其实并不很多。

另一位是治隋唐史的严耕望（归田）先生，他最初研究的题目是唐代官制——实际上，他紧接着贞一先生汉代官制的研究，整体考察另一个重要时代的帝国体制。从基层官员到宰相，他排列出一个“升官图”：官员升迁的途径，不同途径之间的差异、快慢，即可由此一目了然。当然，任何后人要讨论汉唐二代的治理体制和社会结构，劳、严二位先生的研究和讲述，立刻就成为治学者的楷模；而他们各自得出的结论，也在各种通史教科书中不断被引述。

后来严先生又研究唐代的佛教宗派，主要是希望找出佛教不同宗派在各地分布的形态。他的方法学，也是类似“升官图”这种一般和个别的排比：从几万首唐诗中寻找线索，以其中提到的地名在地图上标记、分析——哪一年，杜甫走了哪条路？李商隐走了哪条路？借助如此方法，他整理出几条学者、文人、和尚、道士的旅行线路，进而分析出几个佛教宗派的发展史，写出了《唐代佛教之地理分布》等文章，以及《唐代交通图考》这套传世之作。大家请注意：他原本是处理宗教学的问题，然后他发现的一些现象，确实在地理学上有重要的意义。求法以传道的水陆通道，经过严先生的发掘，我们居然可以将唐朝的大小道路，画出相当细致的交通图。

全汉昇先生的专业是经济史，跨度甚宽，近古和现代的中国经济都有所涉及；然而，又以近代中国新兴企业官督商办的模式，为其着力之处。他的研究，实际上是西方史的研究重于中国史的传统研究。我从他那儿学到的是，许多从社会经济史的角度讨论近代中国变化的方法。我从他的论文所学习到的知识，确实为我研讨中国社会经济史建立一个总的框架提供了极大启发。

上面所举几位史语所大师的治学方法，恰巧足以解释元好问所谓“鸳鸯绣出从教看，莫把金针度与人”。老师是否愿意将“金针度与人”，取决于他的个人品德。对学生而言，学习一门学问或技艺，如同绣花，只有懂得了一针一线的基本方法及其细节，才能绣出各种禽鸟的姿态：这就是严谨细密的功夫与最终成果之间的内在关联。

新一代的中国青年应该有什么样的价值观和理念？[①]

《万古江河》的出版方，是台湾汉声出版社，其创办者吴美云是位非常聪明的女子。二十岁前她在美国生活，回台湾时对中国文化一片茫然，最初她讲的汉语也带“洋腔”。她的父亲说：“你要做中国人，要懂得中国的东西。”于是，在朋友的推荐下她找到我。我带她去看台北故宫博物院，一个个展厅走下来，她对书法、瓷器很好奇，看得特别仔细。我告诉她：“这些东西，每个里面都有一套可看之处。”经由如此过程，她就慢慢上路，对中国传统文化产生兴趣，也培育了相当的鉴赏力。

后来她创办汉声杂志及出版社，主要出版民俗文化、佛道塑像等传统民艺相关的书，在中国是相当知名的出版机构。2000 年前后，我从匹兹堡大学退休，她对我说：“许先生，现在市场上的中国通史，钱宾四先生的书最好。但钱先生讲的都是历史大人物的大事，老百姓应该看什么书呢？我们一般人该怎么理解中国文化？”我就答应她，写一本给学生和老百姓看的中国通史。

---

① 答清华大学精密仪器系学生强少华问。

吴美云安排了一位编辑汤世铸，他是在阿根廷长大的，所以我们给他一个外号“阿根廷”。每次他都会从外面订几个好菜，带到我家，边吃边谈。饭后，我就开始口述历史，由阿根廷记录，然后我自己逐字逐句修改。那时候我年轻，口述文章其实也不用大改。

近两年，我越来越感觉年岁渐长，已经没有出口成章的活力，也没有当年改文章的气力了。最近出版的《经纬华夏》这本书，我构思了好几年，中间感觉到很难过，心有余而力不足，几乎都要放弃。好在历时一年半，前后修改了八次，终于顺利完成。

写《万古江河》的岁月，正当盛年。我写作的原动力，来自梁任公先生当年所提出的“中原之中国”“中国之中国”“亚洲之中国”“世界之中国”这一宏观架构。至于书名《万古江河》，是内人曼丽起的：中国文化如百川入海，从一个个小支流汇入长江、黄河，最终汇入全人类的汪洋大海。

如果说这本书有什么教育和指导意义，我想借此提醒大家：要有开阔的眼光，要有从中国看世界，再从世界看中国的胸怀与气度。中国从支流汇入主流，从主流汇入大海，一路吸收了多少有用的东西？中国本部在扩张过程中，从中原到东南，从东南到西南，从东北到西北进入草原，吸纳了多少内外的因素？所谓“中国”是一个动态发展、持续内外交融的过程，我们一路走来，接受、消化、吸收各种不同的文化，才最终融合成一个大的文化系统。中国文化的吸收、消化力极强，可以保持内部诸多文化、观念的共存互补，而不至于产生大的冲突。时至全球化的今日，这一交汇、融合、吸收的过程，仍然在不断学习，也不断修改：这是近四十年来，中国快速发展的原因之所在。

大家可以想象：若是没有佛教，中国人的世界观会怎样？假如没有中国东部早期发展的自然崇拜，没有西南部与洞庭湖流域的仪式、观念和神话，中国人的整个宇宙观会怎样？这都是对内部不同文化的采纳和吸收。但是，十六七世纪以来传入的西洋文化，因为明清易代的战争导致社会动乱，中国只吸收了其中一部分，却未成为大的潮流。到了乾隆时代，这道中国的大门，却关得彻底而严密：中国犯了“天朝上国”的自我陶醉之病。及至坚船利炮无情打入，我们骤然醒悟，奋力抵抗，却为时已晚，最后演变为鸦片战争、八国联军入侵等连篇的悲剧。

近三百年来的中国，接受和消化外来文化的不顺畅，主要原因却在于自身的封闭。

第一，认为中国的传统是一个完足的整体，失去吐故纳新的能力。其实，中国的传统是非常开放、兼收并蓄的。如此封闭观念的内在原因，是科举制固定了经典解释，进而束缚观念和人心。第二，清朝作为外来政权，长期感觉难以合辙，也就不时以防范的姿态治理国家，乃至于推行“文字狱”。这就导致清代的学问，从开放的思考转变为内敛的考订；然而，考证是做学问的手段，并非学问本身。

有两位学者，以现代的眼光对传统进行整理和省察，我希望大家注意。其中一位是方东美先生，他以西方的美学观念整理中国的儒家、道家典籍。以他西洋哲学的造诣，他能够在上述二者中，发掘出哲学的议题及其意味。可惜，能够懂得和佩服他的读者，其实不多。另一位是劳思光，他对西方实证科学的了解相当深入，他所撰的《新编中国哲学史》这部大作，我觉得值得推荐给各位。

第六讲

国学传统与当代社会

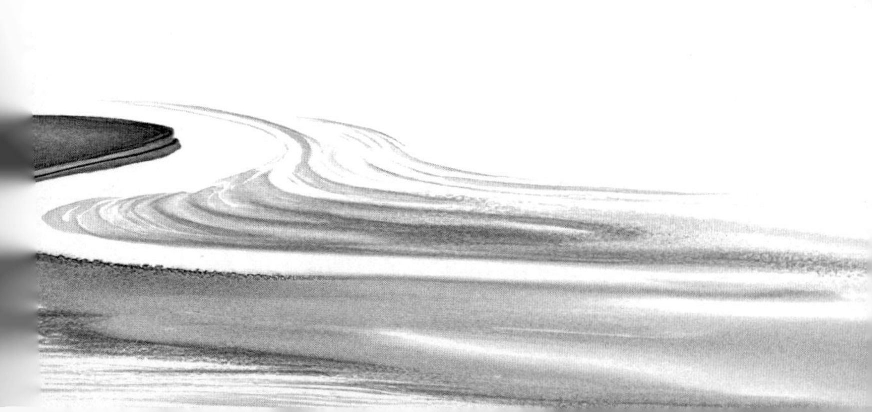

2003年，应朱汉民先生邀请，我曾在岳麓书院做过一场报告，讨论有关世界几个文明体系的互动，以及未来人类文化发展可能的方向。岳麓书院是中国理学非常重要的一处场所，代表了中国书院正统。

“国学”这一概念之所以出现，与近代中国文化遭受的外来冲击密切相关。这一词语是日本最早提出，以此界定他们自己“和学”“汉学”及其与西洋学问的异同。中国早期的学者如梁任公、章太炎等人，引入此概念，希望在西潮的冲击之下，以此界定本国文化之主体性。1902年，梁任公在日本计划创办《国学报》；1906年，章太炎在东京创办“国学讲习会”。

传统的中国学者，对本国文化具有相当的自信。但是自明末开始，有越来越多的学者对过去的文化提出质疑。从方以智到顾炎武，他们想突破定于一尊的经学范畴，而将所有中国传统的思想文化、天文历法、堪舆地理、工程技术等，都视为过去的遗产而加以重新整顿。

那一时期，乃是西方文明快速崛起的关口，尤其以利玛窦等为代表的天主教士和西方学者，刚刚进入中国，带来西方的算学、地理学、兵器学等诸多领域的知识，也被诸如徐光启等中国学者所接受——欧几里得的《几何原本》，即是在此时被翻译为中文的。在当时，想要重建文化系统的中国学者，以为若能借此机会将中西思想加以融合，未尝不能打出一片新天地。可惜如此机会，因为明清之际政权易代导致的巨大社会变化，就此中断而走向内卷。

明清易代，诸多奉明朝为正朔的学者如王夫之、顾炎武等，不愿与清朝合作。满洲人却高张儒家伦理的正统，借助文化和思想控制，强化其统治的合法性。所以，上述对中国传统文化的重新整顿，包括清代编纂的《四库全书》等大型文献，就掺杂了诸多现实政治性的考虑，有时对古籍原文加以增减。传统经学虽然表面上被推崇，却因混入政治因素，反而受到诸多扭曲或增减；那些参与的学者，为求保全自身，即使不改变原文，也逐渐进行考据、订正之学，而有意无意之间不再过问经典的原意。

所以乾嘉学派的考证，出现于君权高涨，而对外来的挑战有意无意视若无睹之时：如此起伏得失，以致中国学者们，一生白首穷经，埋头于整理、考订之学，而忽略了读书是为修身，更是为修己、济世、平天下的责任。

当然，乾嘉的考证之学，如高邮王念孙、王引之父子的训诂之学，他们的贡献，确实将一些旧典的错误，有所订正，也于旧典的模糊之处有所阐明。如今看来，他们还是做出了相当的成绩。

乾隆朝的闭关自守、妄自尊大，面对马嘎尔尼使团的来访，拒绝与英国人讨论条约等问题，也无视英国人送来的枪炮模型、轮船模型等先进技术。即便是后来遭受了鸦片战争等轮番的冲击，当时中国人学习西方的原则，也是“中学为体，西学为用”——学习他们的船坚炮利，偶尔也借重西方的水法、医药、历法，补充中国类似学科的不足。然而，他们对中国学问，依然敝帚自珍。

所以，清末面对西潮而意图改革，依然是“技术”和“文化”两条路线的分途。文化上虽然有康有为今文经学“托古改制”的反思，依然限定于传统框架，而无本质上的突破：康有为是广东人，看到香港政治清明、马路干净、人人守法，他想将中国古典文化中好的部分加以重新解释，为当下的改变提供历史的必要性和合法性。

这时候，中国的学问已变为“国学”，与“西学”“新学”相对。康有为先后撰写了《新学伪经考》《孔子改制考》《大同书》等著作，为其改革的建议提供历史的理论基础；他自己也知道西方的法律、制度，包括议会制、君主立宪制等乃是西方立国之本。康有为只是代表了剧烈转折时期，知识分子求新、求变的选择；这一转变是局部的，也往往是曲解的，并未寻根究底，结合本国的现实深思熟虑的，只是为了要以西学作为招牌，自己设计另一套似是而非的制度。康、梁师生，都是有志之士，旧学确实渊博，只是可惜了：他们希望“托古改制”，付出了种种努力，但“戊戌变法”终究失败了。当然，康、梁师生在那次失败以后，老师回头仍旧以依附旧学作为改革的契机，而任公则是从头学习，改变了自己原来的主张。

民国以后，军阀割据，胡适先生为首的一批归国留学生，主张以白话文代替文言文。推动白话文运动的潮流，风行一时。吴稚晖先生甚至提出把线装书一律丢在茅厕坑里。甚至于在“五四”时代，适之先生还以“打倒孔家店”为口号。如此现象所反映的心态，乃是当时知识分子认为：要“求新”，就必须“去故”。“五四”二字，居然就成为“一切向西方学习”的代号。那时候，这种想法风靡一时，虽贤者也难免追逐他们认为赶上时代潮流的捷径。中国文化的研究就被搁在一边，乃至处处成为被批判、丢弃的对象。

直到北伐成功，蒋介石阵容中有一批人是湖湘集团的后裔，这些人与蔡元培先生的关系近一点，与胡适先生若即若离。蔡先生要站在国学的立场研究西方学问，他是开明官僚群体的“领头人”，由他领导新起的国民政府，才注意有系统地建立传授西学的高等学府，以及高级学术研究单位。当时，国民党选派俞大维等一批学生到德国求学，踏踏实实地学习德国的哲学、机械等现代知识。

当时，国民党采取“内外兼容”的“双轨政策”：一方面，反对尊孔等崇拜旧学的仪式；另一方面，新起来的领袖蒋介石，却提倡“新旧合并”，以“旧道德灌注新生活”。那时候，国民政府大规模开创现代高等学府，以及研究院、中央图书馆、中央博物院等单位。政府还不断大批选派留学生出国深造。除国家考选留学生以外，有若干省份也自己派遣留学生。这些机构网罗与训练人才，在中国近代史上，做出极大的贡献——中国许多基本建设，例如开发西北的资源，其中的许多人物，出身于当年的资源委员会及中研院等单位。

国民党的高官之中，的确有不少旧学优长之士。与此同时，却更有一批学者立足现代，开始思考、整顿过去。上一讲中提及清华国学院“四大导师”中，王国维、陈寅恪二位先生传统学问的功底都极其深厚，而又能因应时代推陈出新——观堂先生的《人间词话》受尼采影响颇深，寅恪先生的治学理论，就是以西方的史学方法处理中国的历史问题，二位先生的学问都做得非常好。在蔡元培、傅斯年二位先生的带领下，中研院史语所网罗与培养了一批以新方法研究旧材料的学者，都注重学兼中西。我这一代就受业于两代老师的培训，算是“第三代”。

其实对中国学问，即使是旧典中的原文，也确实能反映那一时代事物的特色。不仅经典与哲学，甚至于偏近民间的各种曲艺、诗歌甚至于传说、信仰，都可以当作中国文化某个层面的呈现，重新予以审视、评估，以现代的需要重新诠释。由此，即可对中国文化得出较为清晰的认识，也能发掘诸多可用的资源——我撰写《中国文化的精神》一书，即是以如此方式看待、分析材料的。

昆曲原本快要消亡了，当时如果没有周恩来总理的指示，家乡无锡的昆剧《十五贯》在京演出，就可能从此失传。后来，那一恢复之机会，在白先勇手上大放光彩：经由他主持改编的《牡丹亭》，让昆曲成为中国剧种的一时显学。而且，昆曲表演艺术的许多细腻之处，也常常被西洋舞蹈、音乐剧融合吸收。

再例如建筑学，贝聿铭先生是苏州人，他在纽约开设建筑事务所，为西方人设计的建筑，常常隐含中国庭院艺术的表达手法。晚年他回到苏州设计苏州博物馆，又为纯粹的中式传统庭院引入现代建筑的理念，演绎出全新的建筑艺术。

书画界的常玉、赵无极等人的作品，将东西方艺术结合所做的努力，也都成为现代艺术传统的一部分，而为西方世界所熟知。这条将传统的所谓“国学”，引入现代、融入世界的道路，海峡两岸包括海外华人都在努力，在几代人的经营之下越走越宽。

以我的理解，“国学”应当是所有文化的产物：书写的、艺术的、动作的、结构的，甚至思考的方向，都可以纳入其中。这是个综合互补的时代，我们有资格，也应该做一些统合的工作。

多年前在岳麓书院的那场讲演，我至今记忆犹新，常常念旧。谨此向汉民兄以及当时在场的许多朋友们致意——当时的有些学生，现在已经成为学者了。多年以后，岳麓书院还颁赐给我“全球华人国学终身成就奖”，我十分感激，愧不敢当。

处于被“西化”了的当下，国学的未来是怎样的？[①]

近代以来，西方的思想文化和学科体系深深影响了中国人民的观念与认知，而处于被“西化”了的当下，国学的未来被很多人担忧。但我认为人类历史的发展，每一地区所走的途径都不同。中国在世界上大的文化区里，是一个延续时间相当长久而完整，且不断扩张、不断转变方向、不断修正的庞大文化体系。假如我们将人类思想及文化发展进程中所得到的知识和素材视为一个大的“经验库”，中国的这一套经验，目前还是“在仓库中被封藏”的状态，当今世界其他文明，尚未触及这一资料库中丰富而复杂的“宝藏”。甚至于当前的中国人，由于长期处在西方文化的挑战之下，经常自居于劣势，也有人觉得这是过去的文化，不能适合当前，更不能适合未来，因此也就不必从“冰封”之中“解冻”。

今天，以西方文化为主轴的现代文明，已经走了几百年。在中古时期，基督教文明僵化、扭曲了，西方学者才重新捡回希腊、罗马的古典传统，希望从古典推陈出新，

① 答岳麓书院 2020 级中国史硕士研究生韩政委问。

找到一条新的途径。他们的理想，存在时代的思想桎梏，有很大一部分原因是教会以“信仰”为主，甚至将上位者的权威与信仰混为一谈，而不是以人的理性和情感作为“文化”这一真正载体的内容。

那时以后的西方，从宗教革命开始，才逐步走向“近代的理性”，走向市场经济及自由民主等理念的落实。如此过程，即是将被搁置良久的古希腊、罗马思想重新取用，发展、建构了近五百年来统治世界的主流西方文明。

然而，如今的西方文明，又一次走到了“柳暗花不明”的困窘境地。在全球化的当下，我们应该将人类文明的共同经验重新检视。作为中国人，作为对中华文明较为熟悉的历史研究者，结合我在西方六十余年生活的经验对比，我认为中国过去的经验与西方的经验，是两条不同的路。如前所述，西方经验已经日趋僵化，我们可以，也应该结合自身文明的发展历程，走出方向与内容都另有特点的新文化系统；进而与上述新“希腊、罗马传统”平行甚至于接轨，重新构造新文明的骨架。中国文化从旧翻新，另外找出一个途径和境界，以此为对话的根本，与反省后的西方合作，东方与西方携手，共同缔造一个跨越东、西方的新世界文明。

所以，我既非只将中国传统文明复活，对其予以全然的肯定，也非通盘否定西方文化的过去与现在。我的目标乃是返本开新，希望中国文化能作为世界共同文明的思想资源之一，参与我们当下、未来世界文明的塑造工作。

“传统”这个概念是否有中西方差异？[①]

人文学科中常常有很复杂的概念，讲座主题中的“传统”也是一例。罗伯特·雷德菲尔德有“大传统”和“小传统”的理论，霍布斯鲍姆在《传统的发明》中提出“传统是现代的创造物”这一观点。也有学者认为我们所谓“现代人”实际上仍然生活在传统中。

雷德菲尔德先生是芝加哥大学的人类学家、社会学家，我在修习两河流域的考古史时，知道了他提出的“大传统”和“小传统”概念。城市发展的高层文明，包括宗教、政治、法律——法律指的是民法而非刑法，包括财产保护权等，他将其称为“大传统”；农村发展的传统文明，包括动物学、植物学、当地的信仰传说及其反映出的自然环境和人类生活经验的结合等等，他将其称为“小传统”。他的立场，乃是从他所熟悉的城邦国家体制出发的，将城外的农田的耕作者，放在部落文明的“小传统”之内；中国的发展，城乡之间是“延续体”，其间并没有断裂和对立。

① 答岳麓书院青年教师战蓓蓓问。

“大传统”是对社会的宏观认识，“小传统”则代表乡下产生的、来自民间的文化因素。如此两种传统，互相作用、互相重叠的情况很常见。中国的“大传统”是“尧舜禹了不起”“老子、庄子了不起”；但是，“小传统”中有狐仙的故事、白蛇传的故事、鬼敲门的故事，各种爱恨情仇非常生动。其实城乡传统之间，既互相吸收，也彼此修正，并非截然对立。例如，中国的神鬼故事，既有属于国家格局的公共秩序，也就是神鬼要护持的“公道”，同时也有人与人之间的恩怨，就是神鬼传统所注重的“人情”。

以我自己的经验而论，我生长在城市中的大家庭，当时我对城市中的“市井小户”与乡村野谈，都有身在其中的亲密度。因此，“大、小传统”我都可取用，而往往注重“小传统”。因为“小传统”深入人心，其中固然有杂质，但也有非常精美而动人之处，就看会不会加以利用。“大、小传统”怎么转换、如何勾连，这是相当有意思的工作，能反映出传统的动态变化。

今天正是我们要努力参与建构世界共同文明的时候，“大传统”“小传统”都可作为取用的材料。孔子建构出一套中国传统人伦的哲学系统，这是非常了不起的工作；孟子则对其做出进一步解释，也非常了不起。

我更注重民间传统之中，人与自然的互动与合一：无论是人、动物还是狐仙蛇妖的生命，在这一互动秩序中，都处于同样的地位，都值得尊敬。天上的星辰与我们的生命互相影响，每个人出生的时辰对其性格、命运也有影响，这是中国人的宇宙观之下天与人的关联。虽然我不认可这种关联，但它反映了一个重要的传统观念：天人之际——人与自然是息息相关的，为此人需要对天地自然多一分敬畏。

“国学”是否就是“跨学科”学习？[①]

我认为，不能将“国学”与“跨学科”简单对比，二者处理的内容与发展的方向都不同。单单以“国学”二字论，在今天中国的教育体制中，往往将其与文学、史学、哲学等现代概念混为一谈。实际上，上述文学、史学、哲学等人文学科，本身有很多需要进行超越文化系统的界定或讨论。例如，史学就涉及中国史、世界史、国别史、科技史等领域。而“国学”的内涵，也超越了传统“经学”的范畴，其实是二十世纪初这一特定时期，因应内外之差异与挑战所提出的特定概念。

不同的文字学家或语言学家，碰到中国文字、语言时，可以做完全不同的研究：可以研究中国语言和其他语言之间的关系，哪些地方较为接近，彼此借鉴了什么地方。以语言学而论，今天的语言学家乔姆斯基（Avram Chomsky）的“语法转换”，都可以用不同素材、从不同方向做研究。

所以上述中文语法问题的讨论，就不能只从“国学”

① 答岳麓书院2019级中国史硕士研究生罗雨晴问。

二字界定。实际上，在现代分科细密的教学科研体制之下，“国学”二字所涵盖的每一具体学科，都有类似轻重内外不同界定的可能性，有其自身的发展方向，需要遵守不同的研究规则。

国学与哲学的关系是对立的还是相容的？[①]

哲学的现代形态基本都是以怀疑、反思、批判进而突破、扬弃传统争取未来的可能性来开展的，而国学却是要求保存传统的地域性知识的生存土壤。但如今的国学，似乎变成了涵括某种“泛哲学”的存在。

如前所述，“国学”是二十世纪初面临内外挑战时，对传统文化的统称。东亚地区往远了讲一万年，往近了讲三千年，连续发展的系列变化，都可以纳入“国学”的范畴。中国有哲学，希腊罗马有哲学，基督教有哲学，美国也有实践哲学。“国学”是科目型的总称，“哲学”是一个分科，分开来看，这是不同层次、不同涵盖面的两个理念。

但是，我们不能将“国学”视为“国粹学”，更不能当作“材料学”。我的态度，是将其当作鲜活的材料来看待。《中国文化的精神》一书中，我所讲到的诸多中国人的日常生活、观念，都符合中国哲学中的阴阳五行的天人观念；传统农耕社会的饮食起居，都隐含了中国学问之中自然与人互动的部分——它既是哲学的范畴，也是“国学”

① 答岳麓书院2020级中国哲学博士研究生陶毅问。

的一部分。

我在《许倬云说美国》这本书中，反思近代以来美国的发展历程，尤其着重于六十年来美国的由盛而衰。近三百年来，美国继承了欧洲的“大传统”，取得很好的发展，这是一个可察见、可感觉的过程。但是，这一段经验的反省，却正在被政治化误用。例如，美国在“二战”以后深切反省，过去奴隶制度虽然废除，但族群之间的割裂和误解依然存在。又例如，妇女弱势的地位，在战后也拉上了公众讨论的日程。凡此诸点，一方面是在希望矫正过去的错误；另外一方面，为了改正错误，又往往因噎废食，将所有人群之间的差异都当作强势者订立的借口。于是，美国在这一阶段，为了“人权”两个大字，推动了许多维护人权的观念和立法。到了最后，任何群体的意义，都不免隐含歧见——为了避免如此偏差，就必须将个人的权利极度强调。而当个人的权利居于“第一”时，人与人之间就没有迁就，也没有你来我往的回应和互动。凡此现实问题，都是一个社会面临其特殊环境时，所必须做出的选择。如此“个人主义”的切割之下，也没有群体可言。因此，我们在这种氛围下，就很难界定有个称为“美国之学”的学科。同此，中国已经远离二十世纪初期，那时候以国族作为自我界定，如果今天中国也走到一个像美国一样的族群离散的个人社会，是否还有任何学科可以号称“中国学”？

国学是否能摆脱作为材料被西方学科所裁断的命运？如果不能，国学热的意义为何？①

国学曾经是作为材料的“国粹学”，因为国学范畴之内，诸多材料的整理、归类和研读，总需要有人去完成。就等于我们去菜场是为了买菜，但是买哪家的菜、菜的新鲜度、店家的招牌与卖的东西是否一致，都需要自己去分辨。学科上阶段性的材料分工需要有人做，每个投入学术工作的人，都应该明白自己的意向、专长和不足，扬长避短。

“中国”这一观念，既是族群，也是国家，也是依附在上述集体观念之上的概念；其所讨论的传统学问，即为今日大家所谓“国学”。这么大的中国，众多学者无妨分工合作，以各自学科的范畴，驾驭传统材料中相关联的内容，作为各自的学研对象：两种分类不在同一范畴内，但是有相当程度的叠合。例如，最近数十年来哲学学科中，最多人研究的是美学。美学是哲学的一个分支，这一套学说也有其源远流长的传统，也有其今日正在开始尝试的新角度。

① 答岳麓书院 2020 级中国哲学硕士研究生严木远问。

凡此项目，如果有心人对哲学中的美学确有深刻的素养，而对中国古代的诗词歌赋或绘画雕刻，有其特殊认识，例如王国维先生，他吸收了德国哲学系统中的美学，用来分析与探讨中国诗词“境界”的“隔”与“不隔”，这就是善于使用新观念驾驭旧材料的典范。

又例如，清华大学有一批“清华简”，是校友出资从境外拍回捐献给母校的。学者们研读这批简牍，发现“清华简”的记载与传统文献记载有相当的出入。其间何者为是？必须经过严格的考察和对比。这就是一套学问，从不同资料中，寻找一个最接近真相的叙述。在这种情况下，我们可以称其为简牍学中的“清华简学”。这一例子，就与上述王静安先生所使用的美学观念形成两种方式，两种方式各有其是，也各有其不得不如此之限制。

所以，这类考证工作要有人去做，注解、阐释的工作也要有人做，当然文化比较的工作、思想哲学的探讨等等，都是可能的方向。大家人尽其才，各尽其能，足以开展自己的方向。

关于传统的问题为什么总以“国学”这一提法提出来？①

如前所述，“国学”这一名称的提出有其特定的条件，一直没有很清晰、确凿的定义，其所涵盖的范围也不尽相同，最近也有人称之为“中国传统文化”。

再举一例，抗战前有一批燕京大学的社会学家在吴文藻先生的领导之下，做了地区性的社会研究。费孝通先生研究了江南的农村，杨庆堃研究了山东邹平市集圈；杨先生另外一部分的研究工作，就是对中国民间宗教，从“圣”“凡”的区别，做了整盘的讨论。许烺光研究了云南地区的家族组织和祖先祭祀。这三位社会学家的研究，正好与梁漱溟先生对话，希望重新检讨中国农村中的文化成分。自辛亥革命以后，中国知识分子的目标都趋向西方，而西方关注的重点在城市。于是，城市化成为现代中国发展最主要的方向，而农村研究竟成为被忽略的对象。

另外，陶孟和先生及其学生，在北京城广泛接触车夫、小贩，研究小商店、手工艺等，瞩目于城市中“市井小户”的生活：古代社会留下的东西，哪些还在运作？这

① 答岳麓书院2020级西方哲学硕士研究生蒋希文问。

种研究不是为了学问，而是为了实践，要在中国的土地上，尝试在农村做复活中国文化的工作。可惜，抗战炮声打断了这些工作的日程。否则，中国学者在社会学范畴之内的成绩，不会少于历史学的累积。

“地域性研究”的问题，请注意：我上面所举例证，两批社会学者的工作，都是从当地实际田野所做的研究；而且，跨区域的研究，也可在其中呈现其痕迹。

第七讲

留学与文化融合

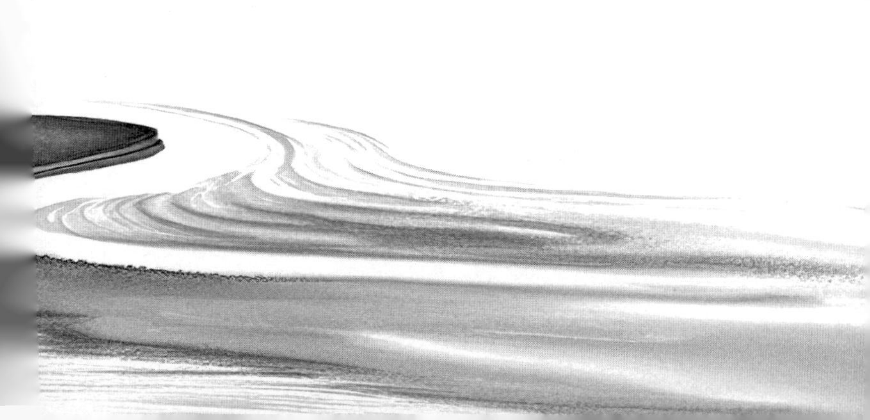

鸦片战争以后，中国方才努力振作，开始重视学习西洋的知识与技术。第一步学习的，是生产制造坚船利炮的工业、工程技术。也有人去学习国际法，因为外交需要特别的人才。及至二十世纪头三十年，大批学生到欧美留学，学习理工科的人最多，学医科者较少，学人文学科的就更少了。

所以，那时的留学潮对国内产生的真正影响，乃是在理工方面。因为西方船坚炮利的长处，是建立在理工科目的基础研究之上。至于人文方面，留学人才不多，其主要留学的方向是德国、美国及日本，他们所带回来的知识，乃是西方人文学科中的一些理论。例如，中国传统学问有经史之学、辞章之学等；西方的人文学科，则有哲学、神学以及相关学科的门类，而这些项目，恰是中国传统学问中，并没有分化为专门学科的知识。因此，那些留学西方的学者，面对着几乎全新的知识层面，何况西方这些学科内部，还有不同学派的理论。如此，中国留外的人文学科人才，几乎都面临一个困境：他们学到的知识，几乎和中国传统的学科完全“挂不上钩”。如何从中间取得一个沟通之道，那时候就是困难重重，到了今天也并没有太多改变。这种情况，必然会反映为留洋的人文社科学者与传统学者之间的格格不入。既然格格不入，就无法带入中国西方的治学方法，深入探讨中国传统学问中的观念和资料。这一困境，过去始终存在，能够脱开这种困境的学者，其实为数不多。今天的情形，我们知道，除了全盘输入西方知识，学界面临的挑战则是如何在中国原本的土壤确实做到新旧互补，以及将中国特有的求知方式和做学问的方法，与外来的西方传统真正融合为一。

从民国初年至今，又过去百年。很多人在中学阶段，就出国读书了。如此提前出国学习西方，无论是文化还是语言，确实更容易融入当地。然而适应之后，如何才能“返本归元”，处理中国文化传统与新学到的西方传统之间的关系，领悟中西结合、互相注解？这是社会必须要认真面对的严重命题。

更多到美国和欧洲念书的学生，是确定专业后去读大学本科或硕士。很多人以为，到美国读书拿到学士学位就够了，若要进一步攻读，就在本学科内继续学，其实这是错的。

最近我读到一篇报道，讨论历史专业的毕业生，将来除了执教以外，还有没有别的职业可做，可以高官厚禄？其实他们不知道，文学、历史是社会科学的基本功，这两门专业的学生，可以转入社会科学下的各个科目，尤其是法学领域。历史学科的背景和基本知识，对学法律的人很重要，因为在历史演变的脉络下，无论是特定的问题还是文化的整体面貌，或者是某一项的专门困难，缺乏历史观就缺乏了对问题了解的时间深度——当前现象背后的文化背景，是任何人思考任何事物都需要综合考虑的。

所以，我希望中国的留学生（包括准备留学的青年）慎重考虑：**选科目时，不能只限于某一科目，而应当也学习一些平行的相关科目。**如此，一个青年学者才能够知道，人生所面临的问题，文化所面临的问题，社会所面临的问题，都无不存在方方面面互相牵绊的复杂情况。只读一门学科，将很难对问题的认识和处理具有多重向度的理解。

我也建议大家，**学习时，最好“两只眼睛看”：一只眼睛看国内，一只眼睛看国外，在不断对比、思考中，重新检视国内、国外文化的区别。**以我的经验而论，如此过程对形塑自己的知识面，会有相当大的帮助。

与留学相关的另一问题，就是“文化融合”。越来越便利的交通和信息技术，正在将世界缩小，融合为一。当然，近年来“中美脱钩”的种种举措，使得全球化出现逆流，但美国绝对不可能自外于世界。

任何文化都有其所长，有其所短。两千多年来，西方文化的特点是“强势”：它能在近五百年内席卷世界，就因为它是“进取型”的文化。西方文化的背景来自游牧民族：一个地方的牧草不够用了，他们就连人带牲口一起转移阵地。如此生存环境，使得他们永远在移动、永远在进取。这也就使得西方文化习惯“往前看”，不注重过去的历史，也不注重周边的环境。

从十八世纪以来，西方殖民帝国大批占有非白人地区的土地和资源。这就不仅仅是游牧的习惯了，他们往往将母国的一套全部搬入新占领的地区，将其建设为母国“翻版”的殖民地。这就导致几乎所有的殖民地，都将原住民的文化彻底铲光，强制当地居民接受殖民者的文化。这种局面，导致双重损失：殖民者耽误了在新地区适应新环境、发展新文化的机缘，而又将原住民的文化一扫而光。在人类“总的成绩单”上，这是“双重的浪费”。

西方文化的背景，尤其是英美系统，是从游牧民族转化成海盗民族，从海盗民族转化成海商民族。海商文化也是进取、掠夺式的。这种文化不知反省，解决问题的方式也是以非此即彼的二元对抗为主。所以，今天西方文化面对全球化时，才极其笃定地认为：英美模式代表了人类发展的唯一方向——“没有别的路可走，别的国家都不如我”，这个态度是不对的。

与西方文化对比，中国文化的特点，是安土重迁的农耕文明。长期稳定的环境，使得中国人对自身与天然环境的关系，以及自身与他人之间的关系，都有相当程度的考虑。所以，中国文化注重参与、合作、分担，这与注重进取、独占、掠夺的西方文化正好相反。于是，中国文化的短处是保守，长处是容忍、合作，而且知道如何约束自己。

中国正在学习西方，这一过程还没有完全走到尽头。中国必须警诫自己：不要自己学西方，而主动邀请西方"文化殖民"。要记得，我们是要学人之长，也要因应自身，修改他人之短，取其所需，使得中国的改变，是"改进"而不是"模仿"。

而且，中国文化的历史观，是惩前毖后，步步改进：往前看，会看到错在何处；往后看，可警惕已经发生的错误将如何发展，是否有纠正的余地。这是读书人和研究者，在国内、国外都应当持有的态度。像我这样的学历史的人，尤其有指出这一问题的责任。历史是"时间的学问"。从过去经过现在到未来，这一段长程的检讨，我们就可以看到过往的对错，看出未来的方向。

中国文化与周围的关系，不仅注重和谐共存，还可以保持长期的互动。农业社会懂得如何配合季节，根据水土、气候，结合农作物对环境的需要，安排农业生产、生活。所以，中国的农业生产是"精耕细作"，农田里的土壤永远在改进。经济学上，对农村的工作，有所谓“非农活动”的范畴，他们通常称之为“Z”项活动，也就是无法定义的活动：例如农余手工业，农闲时候的清理土壤，甚至于清除农田寄生的昆虫等等。这一类的工作，在中国的“精耕细作”农业制度下，种类繁多，而且所占时间也不少。相对而言，有许多这种“非农活动”实际上与市场行为有密切关系。

相对而言，美国的大田广种农业，对土地资源是持续性的极大消耗：几斤重的大犁，一次就能翻起二三尺深的土壤；一季种完以后，大风一吹表土就少了一层——长此以往地“剥地皮”，表土消耗殆尽以后就是沙漠化。至于能够增加副业收入，或者增加产品的“Z”项活动，在美国的大农庄上完全缺失。反而言之，美国的农庄还必须要经常从市场或城市购置必备的一些工具。中国农业和美国农业相对比较，就可以看出中国“精耕农业”涵盖方面之复杂，而且副业收入对农村收入，又何其重要。

我们的文化与西方文化，有相当根本性的差异。这些差异，是在传统文化的时代逐渐发展的。现代的世界文化，是由强势的西方文化本身转变而来的，到了一定阶段，跟随着西方文化以船坚炮利和市场经济征服世界。西方文明，俨然成为世界人类的共同文化体系。然而，这一认知，身为征服者的西方，视以为必然。于是，在西方征服世界的过程中，他们不惜全盘牺牲，甚至于灭绝非洲的黑人及美洲的原住民。对西方征服者而言，他们需要的是劳力和资源，不在乎这些被击败的原住民。

我们在东方面临西方挑战过程中，应付不当，以致败下阵来。我们是不是一定也要自同于原住民，等候甚至于盼望将自己转化成“主人”下面的从属？如果不愿这么想，我们是不是应该回头看看，自己的传统之中，有没有值得延续的？我们是不是必须要完全转变成西方人的生活模式和思考方式？这也算是我在本篇经常考虑的问题。我自己在中国长大，在西方学习。我看见过西方的优点，然而我也看见过西方的弱点。我们最不应该模仿的，是西方对生活资源的浪费，以及将人性本身经常放在同一个西方模式下，重新塑造。何必丢掉自己的“无尽藏”，在人家门前乞讨唾余？

我们未来的世界，是要创造一个彼此容忍、互相学习、止于至善的人类文化？还是“一家独大”，以美国为主的西方文明主宰世界，而不惜消灭所有其他文化特性的文化？何者为是，非常明显。但是，西方文明不会理解我所讲的“选择”，希望我们东方文明的子孙们能够理解。

从十九世纪以来，欧洲发展了“实证主义”，那是现代科学注意实在的证据与实在的资料，必须有的要求。只是，资料不会说话，资料所记载的内容以及人对资料的阐释，也不一定准确，搜集资料和阐释资料更是两回事。长期以来，尤其进入二十世纪以后，西方的实证主义转变为“独断主义”，科学的自信变成了“绝对主义”。然而，随着物理学尤其是量子力学的发展，过去认为颠扑不破的所谓真理，不断被验证其局限性。如果在外国念书，还抱持旧日“绝对主义”的观念，就相当可惜了。

近百年来，“科学”和“学科”都在一步步改变。科学方面，从牛顿的万有引力定律到爱因斯坦的狭义相对论，再到后期的广义相对论，开拓出新境界：从那里更进一步，量子力学与相关的系统论，已经破除了绝对的时空观念；甚至于对“数值”的定义，也和过去有很大的差异。凡此改变，都是逐渐走向个体相对整体网络的意义。回头看看中国道家、儒家的宇宙观，居然比较接近于网络和互动相对的宇宙世界。如此巧合，并非原来所能料及。只是，目前看来，中国从宇宙论的哲学思考，能够走到这个地步，正好和西方从科学实证的检验出发相符，最后到达的归宿几乎可以合辙。

美国高等教育的近况是什么样的？

美国的高等教育，其实是欧洲传统的延伸。而欧洲高教本身，其渊源乃是中古时期，有学问的人拎一箱子书，租个房子开班授课；若是能约三到四位不同学科背景的朋友参与教学，即可自称“全科”。在当时，每个教授都有权利找助理教授（associate professor），这个传统一直延续至今；但今天的助理教授不再是教授的副手，而是他的同行。那些创校教授的教席，在大学延续超过一代时，并不轻易补充，而是当作“种子”教授——在今日美国学制中，是本校专聘（university professor），当作延续传统学风和水平的象征。

美国的大学，可以分成三大类。

第一大类是立国以后不久就开始创立的许多文理学院。最初，这些学院的创办者，大多数是当地的基督教会。他们的教学模式，是模仿英国剑桥、牛津等：学生住校，师生共同生活，学习的过程不仅发生在课堂，也发生在生活之中，培养气质，扩大视野。这些学生，实在是在生活之中，学习成为一个“知识人”，甚至于无妨成为“西方式的士大夫”。经过二百余年的转变，美国这种小型的文理学院，基本上只分布于东岸，尤其东北几个“老州”。他们逐渐转变方向，从生活教育之中的应对进退，转变为打好知识的基础，我们可以称之为“通识教育”。这一类的教育，有的是训练思辨能力，例如历史、地理，以及数学与基本的科学知识等；另一类的通识，则是为了培养学生进入社会，转变成为社会的领导阶层——有的进入官场，有的进入司法系统或商业领域。他们接受的通识教育，就必须牵扯政治学、经济学、法学、国际关系等。这一类的小学校，今天始终在吸收各处高中最优秀的学生，并以培养其人生职志，令其成长为将来的社会领导分子作为教育的目标。

另一大类的学校，则是公立学校。在美国开始进入内陆开发大批农田和新市镇时，农业是重要的生产事业。于是，各州都成立农业训练班，然后它们逐步发展为州立学校。其课程种类，最主要的则是从育种、杀虫到水利、土壤学，以及市场销售、农业加工各领域。他们大学教育的格言，是“四健”：健全头脑、健全心胸、健全双手、健全身体。这些农校学生毕业后，有一大半留在本州，进入农业生产领域。这批学生在内战结束以后，数十年间都是各州重要的农业培训干部。在进入二十世纪初期时，美国开始学习欧洲的机械、电机和化学工业。于是，这些工科的学科，也成为公立学校主要的学习项目。在这时候，各处州立大学的内涵实际就以“理、工、商、农”为主。

第三类则是在二十世纪初期以后，美国各州为了因应美国在世界上的地位，注意到教育不只在于实物的生产，还应有文化项目的精神层面。于是，有些州将上述注重实务教育的州立学校，提升为有六七个学类的大学；有的则另设新校，与本来技术性的学校并存。这第三类的学校，因为每州都想培育优秀的社会领导者，学校的预算宽裕，立刻超越注重实务教育的州立学校。因此，有些州有两个阶层的州立大学：一类是全科大学，一类是农工大学。尤其全科大学一类，有很多立刻就发展到与上述文理学院具备同样的水平，而且科目更多、更完整，兼具“文、法、理、工、农、医”等学科，至少有六个学院的程度。其中最著名的，当然是宾夕法尼亚州、加利福尼亚州、密歇根州等设立的头等大学。

回到各校本身的著名者，当年那些第一类的文理学院，都在这一百年左右甚至于更早，逐渐提升为全科的大学。例如哈佛大学（以下简称哈佛）、耶鲁大学、普林斯顿大学（以下简称普林斯顿），它们都是从当年“常春藤”学院，逐渐成长为探索宇宙奥秘、培养人格尊严、投身服务人间的最高学府。而它们在本科教育之外，都加上一层研究院的教育，硕士、博士甚至于博士后。这些学校，在名义上很多是私立的，甚至是以教会为背景的学校。不过今天，他们都已经超越了公立、私立的界限，因为国家以及大型基金会投入大量资金，维持美国这一类学校在世界上的领导地位。

这一类的“常春藤”学校，通常会保留对通识教育的注重，而又有另外一些专设的单位，完全专注于特别高深的学问。例如普林斯顿，它们的本科生通识教育，非常多元化；同时也有诸如高等研究院这一类的单位，主要任务是在最高深的领域，做最重要的研究。

东岸的哈佛等几所“常春藤”，都是老的英伦世家的子弟们上的学校。如此背景，使得这些地方散发着一种贵族气息：里边的学生活动，不要说中国留学生，连一般家庭出身的美国学生也沾不上边。它们所教授的课程，有时也流露出相当的“优越感”，尤其是与政治有关的课程，比如经济学、法律学、政治学、外交学，讲课的教授往往兼任美国政府顾问，也就是说学生们所学的基本是实务课程，与当时的国家政策息息相关，上课的同学可以听到许多关于政策的辩护。西岸的斯坦福等学校则与之相反，加利福尼亚州向来较为自由，也偏“左”一点，或者说更活泼、激进一点。

芝加哥大学位居中间，在观点上也是如此：既批判东部的保守主义，也批判西部的自由主义，尤其是在经济学上。东部、中部、西部，分别代表了保守、中间、激进的不同立场和思想体系，而思想体系是有延续性的：老教授聘来的继任者，往往就是自己在外面教书成名的学生。所以，芝加哥大学对待政府的官方政策，往往站在学术独立性的角度，采取客观批判的立场，不顾国家的立场、利益、当时的政策，这一点相当特殊。

因此，整个学校保持着一种批判精神：我们既非贵族，也不是反叛者，只是站在中间的学术立场上与大家讨论。芝加哥大学的授课，很少有几百人的大班课，一对一的小班教学比比皆是。芝加哥大学独立于院系以外的“委员会”——有时是几个教授志趣相投，成立一个单位，有时是一个教授自己成立一个小单位——全权决定教学方向和内容，以及课程的松紧程度。

如此师徒相承，使得有些东西在芝加哥大学一路传承下去，成为“一家之学”。芝加哥大学引入欧洲尤其是德国、法国学派的意见，往往比东岸的大学要快，而且广泛涉及许多有关的科系，迅速消化吸收，蔚然成风。我读博士是从 1957 年到 1962 年，马克斯·韦伯的理论刚刚进入美国——当时几乎每个学科，都会涉及韦伯的思想。哈耶克——那位严谨的法学教授，其治学领域从法学延伸到哲学、社会学。他有一年来芝加哥大学教一学期课，主要是自己讲，爱德华·希尔斯偶尔给他帮忙。有趣的是，希尔斯与他的思想立场是相悖的：好朋友之间，思想相悖还可以相成。

在这种情况下，芝加哥大学的人文学科发展得非常蓬勃，物理学也是独当一面。当年德国的大批流亡学者，集中到普林斯顿和芝加哥大学——普林斯顿有一个高等研究院，芝加哥大学是当时的原子弹设计中心。这就使芝加哥大学在理论物理上能和普林斯顿相抗衡，哥伦比亚大学和哈佛反而弱一点。

如此学风下，在芝加哥大学的生活中，几乎没有人谈足球、棒球、篮球，彼此间谈的都是学问。坐下来喝咖啡、吃午饭时，你也不知道对面是什么人，他一坐下来就问你："最近在做什么题目？"总之，这是个学术风气很深厚的地方。

能有机会在芝加哥大学读书，我终身感激——随便我读什么、研究什么，可以说是完全自由的。所以，芝加哥大学培养出来的学生，有些人特别专，一个题目做到底；有些人广泛涉猎，"吃一肚的杂草"，比如我就是。对一头钻到底的人，我佩服他们的专心；但也觉得因此，他可能丢失了一些其他的机会。对"吃杂草"我一点都不懊悔，反而乐在其中。当然，这只是我的个人意见。

以上内容，提供给打算出国的同学们，让他们对美国的教育制度有一些了解，也使他们知道如何选择最适合自己理想的学府。我最后一个建议：**希望你们在本科的知识之外，尽量吸收相关学科的一些基本常识，也注意跟周围人的人生经验有关的知识。毕竟，你要"做人为先"，学者的身份反而是第二步了。**

当代留学生如何提升自我认同感和价值感？①

这是个大问题。中国选派到国外的留学生，每一阶段都有其不同的特质。近代中国的留学生群体，曾有过统一的求学使命，即将西方先进的科学实用知识传播到国内。最早是派往美国的“留美幼童”，清政府希望这些孩子能从美国带回来西洋的知识、技术，“师夷长技以制夷”。这些人长大以后回到中国，大多数是在公、私实业单位工作，还有些人从事对外交涉的工作。其中很大一批，留在高等教育领域输出西方科技。

留学西方后回国，真正发挥重大作用的是稍后的“庚款留学”这一批学生，也就是胡适先生这一批，留欧、留美的都有。他们通常读到本科为止，很少继续读研究所。这批人在国内能够考取留学名额，本身就出类拔萃，回来也一定有工作可做，有事业可为。这批人中，有一部分非常有影响力，整个国民政府高等教育体系，都由他们在各省主持建立。当然也不乏没什么影响力的，就在高校终身执教。可惜者，大多数的高校只有教席，而缺少相配的专

① 答芝加哥大学学生彭帝超问。

业研究传统。有些学者在回来时，确实能够介绍西方当代相当前沿的学术内涵；可是，如果一位教授讲课十年，而没有相对的原创研究，其知识能量也就无法成长；而且在校内，他也无法训练一批学生，在国内就可以做原创的研究。

第三批是抗战前派出去的留学生，在抗战期间或战后回来，对国家建设发挥了相当的作用。但紧接着内战开始，一大批留学生前往国外，尤其是美国。这些人在国内本来可以发挥若干功能，因为当时的中国对外隔离，资讯、设备都无法及时供应。于是，在抗战时内地的院校，能够继续于炮火声中，弦歌不绝，教授学生，已是幸事。至于原创研究，尤其理工方面的学科，更没有适合的设备供他们实验。

幸而，俞大维领导的兵工署，以及翁文灏、丁文江他们领导的资源委员会，这两三个大单位的科技人员，在抗战爆发前，他们刚刚组织成队伍，居然立刻投入地质考察、资源勘探、水利开发等大量工作中。而资源委员会的同人们，也投入国防工业的生产，建立了比较可以赶上时代的军工生产体系。抗战开始，他们的工作当然受到干扰，广泛的战线上，任何勘探都无法进行。幸而有一批人，在西部勘查资源，甚至建立了第一批原油开采工作站。而在军火制造方面，兵工署更建立了一些工厂，都是在仓促之间，立刻投入生产，供应了抗战期间最起码的武器和设备。这一番艰困，功不唐捐，在 1950 年以后，中国发展国防工业，也大量勘探、开发重要的资源，那些人员有很大一部分还是当年兵工署及资源委员会的旧人。

1975 年以后，蒋经国接手台湾，那些内战期间留学海外的人，才慢慢地回到台湾参与建设，尤其是学理工科的人——这批人在美国接受了高等教育，往往已经在学术界或者私立研究机构站稳脚跟，能力强、学问好，他们在美国所学此时正好派上用场。

1949 年，国民党迁台后，大陆并没有停止培养科学人才。只是由于现实限制，这些新培养的人才，大多是在苏俄留学。他们的训练，就与台湾学生前往美国学习的情形有所不同。

1953 年，我从台大毕业，在台湾算是第二批毕业生——前面一班没几个人。此时的台湾经济很差，大学仅有四所，规模也不大，没有师资上的需求和预算。所以，我们那一批毕业的同学在台湾很难有就业的机会，即使就业，待遇也甚为微薄，很难真正维持生活。于是，很多人也选择了留学，作为另一出路。其中有一批人经过考试，被美国的军方和情报单位聘用为口译、电译人员。也有一些人，被聘用为中国问题的研究人员。至于在理工医农范围内的留学生，机会较好，往往可以得到一些补助——以助理奖学金的方式，维持在校生活。这批人后来成为台湾开始建设时，很重要的一支队伍。

综观中国一百年的留学史，真正能将西方的科技、学术成果带回中国的人，在早期其实不多。在台湾，开始有人回流的阶段，也在 1970 年以后，也就是台湾开始全盘现代建设的阶段，这批人才分别投入各个层面，发挥其专长。当台湾的初步建设已有成就后，恰恰碰上邓小平在大陆也开始“改革开放”的建设工作。于是，台湾的这批有许多经验的学术人才，就以他们在台湾参与建设的经验，以不同的名义和方式，转入大陆参加基本建设工作。

留美人群的扩大，和国内的经济条件、社会状况有直接的关系，我们无可讳言。我劝告国内的同学以及教师们，美国并非留学的唯一选择，欧洲有很多世界级的大学，尤其在德国。德国的特色是所有大学基本上都是公办，学生可以在任何大学注册，不满意的话还可以换个学校；等到选课、考学分，那才是真正的考验。所以高资质、高能力的学生，游走各处寻找最好的师资，配合着自己的一套学习过程，通过各种学科考试，能够学到真正的学问。而且，德国的大学有很好的学习氛围，学生能够因此完全投入学习环境，与当地生彼此切磋，这种学习踏实而具体。尤其他们和当地生容易交朋友，即使回国工作后，他们也可以随时与老同学或老师交流，甚至于自己再出国补充新知。

可惜，国内教学生德语的学校非常少，外语教学以英语为主。如果能用一两年的时间，在国内把德语学好，到德国留学是相当不错的选择。

英国也有很好的大学，例如众所周知的牛津、剑桥，苏格兰、爱尔兰也不乏好学校。但是我提醒各位，有两所学校慎重考虑：一个是伦敦政治经济学院，一个是伦敦大学亚非学院。这两所学校都是当年英国培养殖民地王子、酋长或当地富贵子弟的地方——这种有特殊背景的学校，规矩不严格，尤其所谓“论文博士”，学校的品质管控其实相当松弛。在那种学校读书，可惜了自己的时间。

留学生在自身成长中，报效祖国、造福人类，和过好自己的小日子，该如何选择和平衡？①

我觉得无法平衡。大多数人是“常人”，能诚诚实实、规规矩矩地过好自己的日子，就已经很不错了，无可厚非。自己想要做什么，选择什么领域，在所学专业尽其所能，做好专业研究或者提高学术能力就很好了。

至于究竟如何“做人”，其实应该从人与社会、人与世界，或者说人与自己的人生这几个方面着想。你讲到“国家”的问题，那也只是这一个大课题下面某一个层次而已。说实话，“国家”这个层次，上不及“人类”，下不及“自己”。中国多少年来自缚手脚，就是将“国”这个字，以政府为其定义。于是，以为这是最高的一个群体，那就是自限脚步。在我看来，“做人”比做“好国民”更重要，毕竟如果一个人能好好做“人”，还不能做“好国民”吗？

也有一些留学生的家长会有疑问：孩子生活在美国，就一定要融入美国文化吗？

---

① 答美国厚仁教育集团创始人、首席执行官陈航、留学生家长林爱娟问。

假如要在美国求职，计划过一辈子，或者待相当长的时间，能够融入美国生活当然很好。尤其出国一趟，不能只在课堂和实验室学专业知识，在留学所在国从观察和生活中理解另外一个文化的真实面貌，以及当地人真实的生活方式，又何尝不是值得投入时间和精力的部分？

国外和国内的教育有什么不同？如何借助国外教育的长处来弥补国内教育的短板？[①]

我想国内、国外最大的差别是，国内的学生在校选课，总以为课堂和书本上讲的，就无须质疑，并且认为老师给的解释就是真理。因此，学生习惯于被动——上课时只要听课即可，既不擅长提问，也不主动发问，更不会从课文以及讲演追究这些理论是否令人信服，也不追究这些说法本身的建构和根底是否扎实。在海外，真正好的教授非常欢迎学生与其“纠缠”。这一差别可能源于中国古老的“尊师重道”伦理：学生习惯于顺从老师，不去挑战老师的权威和尊严。在中国的课堂上，很少有人主动举手，美国学生从小学开始就习惯举手发问——这是主动性与被动性的差异。

一位富有教学经验的教授，当然可以避免如此困难，因为硕士、博士班上的人数非常少，而且授课是面对面的。但中国的大学通常是大班授课，下课以后，师生不再见面，这一学期读完，这门功课本身的内容，也就置之脑后。最

① 答密歇根安娜堡大学赵普问。

后，学生不知道课与课之间的关系，似乎也忘了曾经听过这门课，这是中国教育最大的缺陷。

国内大学和美国大学在学习成长环境上最大的不同点是什么？[①]

我感觉到中国学生有个脱不开的魔咒：做功课。但是，学习不只是“做功课”，更重要的是“想功课”——沿着某些问题扩散、深入，自己推演这一门课的说法，是否能够开启一个新境界或者解答一个老问题。中国的初中生、高中生为了升学，常常很在意分数，很在意标准答案。这个习惯养成以后，他的学习、听讲，都是为了“做功课”。

出国留学后，他们会发现外面不是“做功课”的环境，而是要求学生跟着老师讲的话思考。下课以后，还要跟着老师指定的课程进行判断：他的解释是否正确？他的引申是否合理？进而提出问题、阐述观点，自己寻找这些理论观念究竟是否彼此合辙。

美国教师最喜欢做的事，是帮助学生思考，而非交代标准答案。太注重标准答案，太注重考高分，这是当前中国教育界需要改变的地方。长此以往，会扼杀整个民族的创造性。而且，以这种方式学习的孩子，一辈子太苦了，我希望大家脑筋活泼一点，经常能想到意想不到的答案。

---

① 答高中生家长曾小润问。

文化自信和文化融合的尺度在哪里？[1]

你讲的“文化”很空泛，其实“文化”所包含的内容很多。天下的是非，有许多不同的判断标准。如果是在单一环境中长大，容易认定这个小环境的尺度是“唯一尺度”。如此形成的所谓“文化自信”，往往是在单一环境中形成的盲目与误解。面对如此情形，出国留学，多看看外面的世界，就显得尤为重要。

我们每个人要有容人之心、反省之心，如此习惯的养成，要从父母做起。父母绝对不能对孩子说：“大人说的都是对的，叫你做就去做。”这会抹杀孩子的主动性与反省之心。家长需要想方设法让孩子明白，天下的是非有许多尺度，但是有若干尺度是不容许违反的：欺负他人，不容许；自私害人，不容许；撒谎骗人，不容许。

中国文化之中，最核心的观念就是“忠恕”二字。《论语》中说：“吾道一以贯之……忠恕而已矣。”“忠”就是认真做事，全心全意。“恕”，就是“如心”，将“我心”比“你心”。所有的自信与容忍，都从“恕道”上来：以我

① 答留学生家长韩志红问。

的心与你的心对比，我能否要求你和我一样？或者我要求自己和你一样？这样是否公平？一个人，必须养成反省与回照自己的能力。“忠”和“恕”合起来就是“仁”，“仁”的字义正是“两个人”。我觉得这两个要素，是中国文化最有价值的观念。人，当然就必须要注意“如何做个人”。作为一个“人”，必须养成时时反省的习惯。

怎样看待留学生在自己的国家扎根不深，学习动力不足的问题？①

你提的问题本身，就是答案。高中就想出国读书，一多半是因为虚荣——“大家都出去，我也要出去”；另一小半是因为家长的压力，省吃俭用早早送孩子到国外，希望他们在国外生根，甚至于以国外为家。

孩子本来很快乐，与同学一起在中国学习、生活，现在忽然多一重出国留学的压力：面对全新的语言、文化环境，一切都要从头学起，似乎前面的学习都是“过河拆桥”。如此心情，怎还有认真学习的动力呢？所以，这一部分，请家长们自己反省：你真愿意自己的小孩，从上学开始就是为了做外国人吗？

以美国为例：美国的中学教育，基本上是“国民教育”，几乎每个人都上到高中，然后才寻找自己终身处世求生的技能。这一段的教育过程，灌输基本知识和进修的“前端准备”乃是主体。其实，生活教育和做人原则，都不在老师们的教学范围之内。那是一个人进入社会初阶，处

---

① 答高山大学学员、留美学生家长金宇问。

世、就业必有的一些知识。

至于所谓生活教育之中的对错、善恶意识，由于美国立国是个人自由主义，学校教育竟然避免以任何种族意识或任何信仰为人生意义。从好的方面说，这是“自由乐土”：人人任其天性，自由发展。其实，学校里老师们为了避免被控告“干涉别人思想和做人原则”，他们宁可躲避对学生指示某种行为的对与错。

所以，我主张家长们自己考虑：自己心目中的美国、德国、法国、英国等等，是不是你自己真正认识的地方？他们教育的方针究竟如何？如果你对所谓“外国”并不完全明白情况，何必让自己的孩子在思想没有成熟、心理并无准备的情况下，就在青少年阶段，只身进入完全陌生的环境？

所以我很诚恳地建议家长们，就把孩子们留在身边读中学，让他知道怎样做人，也知道六年学习下来，自己的能力如何，就读什么科目比较合适，适合到哪里去学。如果有留学计划，其实最好还是大学本科就在国内上，出国读研究所；或者大学本科一半时间在国内读，一半时间在国外学习——若是后者，可能要多读一年，没关系，这有好处。大学毕业出国读研究所，应当更好，因为此时孩子的意向已经稳定清晰，哪怕他想更换专业，往往也是深思熟虑后的选择。

所以，不要揠苗助长，揠苗助长，苗则槁矣。

第八讲

天地之大，如何安身立命

关于“安身立命”这一课题，中国历史上气魄最大的，大概要算宋代的张载在“横渠四句”中提出的四个项目：“为天地立心，为生民立命，为往圣继绝学，为万世开太平。”如此气魄无人能及，而且每一项目，都涵盖着人文社会学科工作的目标。归根结底，这四句话想要表达的，是对每个个体的期许，也是人类整体应该担起的责任：人类的事业无始无终，需要一代一代人投身其中，尽一己之力；在这一历史性的大任务之中，每一个个体都有机会尽其所能，承担一部分责任和使命，也会在此过程中提升自己的人生境界。

所以，我们未尝不能从这一角度讨论“如何安顿自己，在何处安顿自己”。关于“安身”一事，我比较主张《论语》所讲的“修己以安人”。但如何才能做到“修己安人”？首先要让自己觉得安心：并非安“天地之心”，而是安“自己的心”。关于这一问题，《孟子》也有论及：作为一个人，要能“将心比心”，要有“恻隐之心”，要有“廉耻之心”等。

做人做事，心里都要同时装着自己和他人，然后尽我之所能。你觉得做某件事情，无论是自己的事，还是他人之事，都尽心竭力，无愧于心，己欲立而立人，己欲达而达人，这是“忠道”；做任何事情，始终能够将心比心，己所不欲，勿施于人，这是“恕道”。如前所述，“忠恕之道”是中国文化中最为核心的部分，要做到并不容易。

践行“忠恕之道”，将其落到实处，需要经常体会：自己的心安在哪里？能否将自己的心与对方的心相契合？更需要经常设身处地思量：一句话、一个行为，该不该说或做？如何掌握其间的分寸，才能兼顾双方？所以，“忠恕之道”不外乎“将心比心”。

此处，我建议各位参看《孟子·告子篇》有关“四端”的论述：人人都有恻隐之心、羞恶之心、恭敬之心、是非之心。举例言之，一个人看见自己父母的遗体没有处理，自己觉得不忍，回家找来锄头将父母遗体恭敬地埋葬，这就是恻隐之心的表现。又例如，看见一个幼儿在地上爬行，即将爬到井边，心有不忍，虽然与小儿非亲非故，仍旧将他抱起，放到安全之所，这也是恻隐之心。“恻隐之心”的简称，就是“仁”。以此类推，才有羞恶、恭敬、是非之心。

要安“自己的心”，需要兼修“忠恕之道”——这两个方面都是“修己安人”的过程：“修己”之中，就同步在处理自身与他人、社会的关系，践行“安人”的工作。“修己”的过程，如同修剪一棵树，需要持续终身不断反省、总结、提升：修正自己错误的行为习惯，有如剪去树上的残枝败叶；保持良好的习惯，如同给树木不断加水、加肥料。“修己”到一定程度，才可以做一些“安人”的工作——若连自己都安顿不了，何以安顿他人？

人的能力有大小，志向也有远近。若是能够安顿自己，做个不惹人讨厌、不平添是非、善良正直的人，其实已经相当不错了。举例言之：下楼梯时碰到行动不便的人，伸手扶一把，这就是安顿他人的第一步。日常生活中，若是常常如此，就能让周围的人安心了。

修己、安人、安民、安百姓，这是一个层层扩大的过程。这里的“百姓”，是指“全人类的各种族群”。这里设定的最终目标，当然是个理想主义的方向，需要一代代人持续不断努力、共同创造。虽然必定会面临种种困难，有大能力的人还是应该尽其力而为之，努力追寻“安百姓”。至于能力有限的人，当然可以量力而行，从身边的人、手中的事情开始。更进一步，继续设法安顿与自己身处同一社会、同一文化圈里的人。

但是，究竟如何才能做到真正地“安人”？我认为对每一个人来说，是做好本职工作里的每一件事。我想，每个人大概都有自己的人生愿望或理想，然而人生不如意事十常八九，多数时候不一定如其所愿。这时候，尽其所能，尽心之所安，碰到机会就尽力去做，而不必对自身境遇过多埋怨。

比如苏东坡，他的一生经常被打压、贬斥。但是，他被贬到哪儿，就在当地静下来做点事：被贬徐州，就在当地治理水患；被贬定州，就亲自向农民传授种稻技术；到最后被送到海南岛，虽然有“青山一发是中原”的孤苦，他还是在孤岛上，尽其心力教当地的孩子语文。苏东坡一生豁达，这种人生境界在其被贬黄州所作的《赤壁赋》中即可看出。然而，他并不会以此“豁达”作为逃避现实的借口，而是因应时地、尽其所能地做事情，这是苏东坡之所以为苏东坡的原因。我们读他的诗文，被感动，不是因其功绩赫赫，而是因为他的人品卓然，见识超迈。所以，他这种无形之中的感召力量，也是我们在工作中可以参照的，安人之心的目标和方向。

我们从事学术工作的人，一辈子做研究、写文章，无外乎要在某个没人触及的角落，破出一块耕土，而不必求大名声。如先师刘崇竑先生所言：“如果我们自己不能在历史长河里，成为一个有大贡献的人，就至少让某一篇专业文章，能被某个大科目的文章或著作引用，尽自己的一片心。”这是刘老师的愿望。他还曾说：“能做报纸上的‘头版人物’，当然是一个人的福气或运气，也可能是他的挑战以及负担。若经过一辈子努力，名字出现在某几个角落里，哪怕是一篇文章的脚注之中，使其作者的立论得到一个很好的立足点，也是很有价值的事情。”所以，不一定要做主角，要甘心做“脚注”：做学问的人，能够做到一辈子有一篇文章被人家引用，我认为就是很大的成就了，因为那篇文章帮助别人一把，做了一次阶梯。每个人的贡献一步步累积起来，终于碰到学问“大家”了。那位“大家”可能往前走了一千步，但是不积跬步无以至千里，这其中就有自己跨出的一步。这就是我所谓“尽心而为之”的意思，不要求高，但要求尽其在我，遑论成败。

在“他者”与“我者”之间，两边产生争执时，不必特别“站队”，但绝不能放弃自己合理的立场，不能轻易地相信任何一边所谓的真理。世界的形势、人类的知识，永远在变动。中古以后，欧洲开始了一场“宁静的革命”，但这场革命其实并不宁静，平静底下，波涛汹涌：宗教的特权、独占性，一步步被现代理性消解。“理性”二字说来容易，实践起来何其困难！单单以物理学而言，从牛顿力学走到爱因斯坦的相对论，再走到场论以至今天的量子力学。量子力学已经超越牛顿力学“专断的、绝对的正确”很远了。物理学是自然科学中最精准的一门学科，然而谁也不敢断言：在量子力学领域，就可以做精准的预测、计算和描述。

天文学领域的认识，同样经历过类似变化：从天主教会的“地心说”到哥白尼和伽利略的“日心说”，一步步走到今天，我们才知道太阳系是很大的星系，但在银河系里，其实占不到一个渺小的角落。生物科学同样如此：人类对人体的认识，从传统的五脏六腑，深入到血管、神经、淋巴等细节，如今已经研究到细胞之中小粒子的动态行为。

如此过程一路走来，我们还能坚持真有“绝对正确”吗？物理学也罢，天文学也罢，生物学也罢，化学也罢，自然学科至今都有一种虚怀若谷的境界。人文社会学科更应如此，各人的意见可能是众多意见之一，不必持守一个唯一、绝对的正确性。

最后，我有一句话送给大家：生而为人，应该立一个志向；同时，也应安于自己的能力，尽力而为之，而不必给自己过分的盼望或压力。自己的工作也需要与同行、同志的工作相互印证，而不必固守一端。这也是前面所说的“忠恕之道”，唯有如此，我们的社会才能逐步走向安定。

在职场中应该选择坚持自我，还是明哲保身？[①]

我年轻的时候性子急，听到与自己不同的想法或意见，经常下意识反驳；但是，随即就能察觉，自己的坚持或反驳，往往出于对自我的维护，而非基于认真思考后的决定。如此反复多次以后，我才明白：自己的意见不代表“绝对正确”，可能别人有自己的立场，或者兼顾了其他角度的因素。一件事情之中，往往诸多因素并存，身处事中的人，关注、考虑的角度各不相同，是很正常的事情。因此，我渐渐领悟到，对人、对事要存一份谅解之心。

孔子有个很喜欢的学生，名为子路。但是，子路常常急切地向老师提问。由《论语》所记载的孔子和子路的谈话，即可知道：子路说话太直，时常“率尔而对”。说这些话的时候，子路绝对是出自真诚的好意，但有时候提问的方式错了。

如何克服这种下意识地说话或思考的习惯？说起来容易做起来难，这需要自我检讨、反省以及训练。我与大家分享一个自我训练的方式：**遇到事情，吞一口口水再**

① 答潘妮（Penny）问。

说话。这一下的停顿，许多问题、情绪、言语就“吞下去”了。

既没有研究天赋，又面临就业压力的普通学生，应该如何摆脱窘境？[①]

我建议你对自己必须“诚实”。既然觉得自己不喜欢做研究——有没有天赋我不知道——就不必进入这一行。相较外力驱动乃至逼迫，内在的自驱力更为重要而根本。你还年轻，除做研究外，还有诸如实用技术、管理、公关、市场等很多工作可供选择。若是选择了哪一行，觉得仍旧不喜欢，还有足够的余地继续调整。

但是，我建议你思考一下：你的老师之中，有没有自己佩服的人？若是他所从事的行业你愿意去做，可以单独诚恳地请求指点，以判断自身是否适合这一工作。这是人生很重要的关口，老师通常会很乐意回答学生所提出的问题。

① 答李秀园问。

即将进入职场的新人该如何选择将要踏入的行业？[①]

找你认为很好的行业前辈、老师，与其讨论、请教。首先，要确认自己对行业的理解是否准确，是否存在误解之处。其次，才是考虑待遇的好坏。

1953年，我本科毕业，一边读研究所，一边面临两个选择：一个是做导师的助理员，一个是做台大的助教。两相对比，助理员的待遇很少，工作量却几乎是助教的两倍。但我还是决定从助理员做起，因为助理员是“学”，助教是“教”。我自己的学问尚未成熟，哪里会有“教”的能力？以我一辈子的工作经验而言，人生起步阶段的待遇，多一点少一点关系不大，后续长期发展个人意向，才是更为重要处。

我建议大家与前辈们，或已有工作经验的师兄、师姐们好好谈谈，也可以和家中父母或其他长辈、兄弟姐妹认真讨论。这件事情不要窝在心里，你必须找人倾诉、请教、讨论。旁观者清，多双眼睛，就能多一些参考的角度或意见。

---

① 答郭杨涵问。

毕业后，如果从事的是与所学专业不相关的工作，应该怎么办？[①]

我是历史系毕业的，一辈子从事相关的研究工作，直到九十多岁，依然乐此不疲。但是，历史学训练的是一个人处理材料、分析材料的思考能力；学习历史，也并不意味着就必须在高校、研究机构工作一辈子。毕业后可以进入报社、出版社或图书馆、档案馆等机构，这些都是很好的工作。此外，有历史和人文学科的背景，如果参加分析现况的所谓“智库”，也是可以发挥历史训练经验的。

以我自己为例：当年做助理员的时候，待遇实在很少，月薪大概一百五十元新台币，还不够吃饭，但是我更愿意。怎么办？我就借助投稿的稿费补贴生活。当年我还写新诗——写字不累，但是炼字、炼句要花点功夫。有一次，我甚至接到一个撰写剧本的工作。如此这般，慢慢也就过来了。这一过程，也锻炼了我写作、社交等方面的能力。

① 答李赫问。

管理层人员如何更好地平衡个人时间，更高效地带领团队？[①]

这种切实的管理经验，不在任何书里，也不在讨论会上。如何提升自己？可以请教关系不错的上司，或者较为年长的同事，请他们帮助你成就自己，学会把自身的潜在力量发掘出来。这就是在工作中不断学习的过程，实际上是随时随地：**不仅要学习知识、经验，更重要的是学习做人的品格，做人的风骨。**

我一辈子受好几个老师的影响，他们都是堂堂正正的君子。其所秉持的信条是：个人吃亏无所谓，事情要做好。如今年迈，回顾跟随他们学习的过程，所获得的身教比言教更为重要而深刻，令我终身感激。当然，向老师学习并不意味着“照单全收”。有些老师长于某个角度，我就从那一角度学他们；另一个老师长于别的角度，我就从另外的角度学他。综合诸家所长，在心里熔铸出自己的风格，这是人生寻求突破的必由之路。

① 答钟小凤问。

在当下快速、高效的职场与生活中，如何培育有远见的个人特质与团队？[①]

今天的世界变动太快，更需要训练、培育有能力赶上这个速度，能看得更远的人。如今的美国社会，这架“巨大的高速飞机”出问题了，也许十年之内就要出现全局性的变化。我身处美国，常常会感同身受：许多过往的制度已经不符合当前的局面，许多问题暴露在外无人处理，而有些问题往往矫枉过正……这些都是美国社会积重难返的痼疾，正在出现深度质变。其方向如何？其性质如何？都还有待深入观察。

为此我心怀忧惧，也常常惋惜，爱莫能助。人类走到美国这个地步并不容易，可在短短的一二十年间，竟开始滑出轨道。如此情形，十多年前我写的几本书（如《大国霸业的兴废》《现代文明的成坏》等），还只是预测了一种可能性：美国引领的西方现代文明，如今已进入叶落遍地的深秋，不久将是雪满原野，一片茫茫。当初预测的诸多事情，如今都在眼前发生。如此局面，我宁可没看见。但

① 答纪威迪问。

是，我想可以看见也是种幸运。

如何才能培育这种远见？多看、多想，不要持守一种“真理”，视为理所当然。以人类的历史经验而言，没有一成不变的理想制度，也没有一种制度适合所有不同阶段的人群。佛家讲“成、住、坏、空”，任何事物的发展都会经历这四个阶段。所以，我们要时时警醒，保持反思的能力，不断发现问题。

直到今天，我每天还是会看美国的新闻、国际的新闻，尤其是有关中国的新闻报道。虽然我在大学里，是位置比较高的教授，但退休以后，我也只是美国三亿多的人口中的一员而已，人微言轻。面对种种乱象，我心忧愁，可是无能为力。美国这个国家，号称言论自由、意见自由；但是，如今的政客被私利蒙心，往往将合理的建议以种种理由故意不听不问。甚至于美国立国以来，一路是“顺风扯篷”，在这片几乎空白的土地上为所欲为。美国人习惯了自以为是，缺乏基本的反省。如此这般，“言论自由”也就徒存空名，无法切实推动现实的改进。

在世界变动剧烈的当下，如此反应迟滞，后果尤其大。骑脚踏车的人都知道：骑快了，就可能摔跤。汽车也是如此：跑快了，还可能更伤人。美国这架“高速飞机”如果失事坠落，伤害会遍及全世界。

自发组织建立的社区小经济体能否成为应对全球化冲击的“避难所”？①

在《许倬云说美国》一书里提到了一个现象：到了后工业化时代的美国社会，小社区的出现开始让被打散的族群重新融合：三五千人的社区里，人们彼此帮助，自给自足。我在美国旅行时也遇到过这类社区，当地居民十分自豪地表示：我们集群体之力抵抗大型连锁企业如麦当劳、星巴克的进驻。目力所及的商店、餐厅，均为支援社区发展所设。那这种社区小经济体是否是应对全球化冲击的“避难所”呢？

这个问题非常好，我们先讲大概的历史趋向。自从美国建国以来，这种小社区就一直存在。最常见者，是团结在一个教会体系之下。随着时间推移，宗教团体慢慢分散，这种社群就逐渐衰退、萎缩、解散。等到后来，城市化快速推进，人口迅速流动，农村萎缩，于是建立在农村基础上的小社区也就跟着消亡了。在城市中，围绕工厂建立的社区，也因为生产方式的自动化和全球的产业转移，当年

① 答师桐彤问。

需求大量工人，逐渐减少到不到当年的零头；工厂雇员共同居住的社区，也就消弭于无踪。

如今，以相近理念结合而成的社群，倒比较稳固一点。举例言之，谷歌在匹兹堡大约有三万雇员，他们就会慢慢结成几个小社群。这种社群的出现，其实是对两种现象的补救：一是旧的群体不适用了；二是最自然的、人的家庭逐渐离散。这些人的知识水平普遍较高，收入也居于中上等。

你提及的这种社群组织，在丹麦、挪威、瑞典三个北欧国家普遍存在，尤以丹麦最多。他们原来居住的村落，甚至可能已存在一两百年之久。政府鼓励他们，根据收入情况、生活条件、人数多少，规划为生活共同体的社区；社区创造的工作机会，恰好支持社区部分成员的生活。虽然待遇不高，但是他们可以贡献的，正符合社区的需要，例如代管小孩，管理公共卫生等。这类简单易办的工作，能稳住 10% 到 12% 的失业人口。

这种社区，中国目前好像还没有，但我想将来会出现。中国从前有大院，单位大院就是一个天然社区。如今的小区稳定到一定地步，未尝不能做类似的工作。

教育

第九讲

持续终身的自我教育

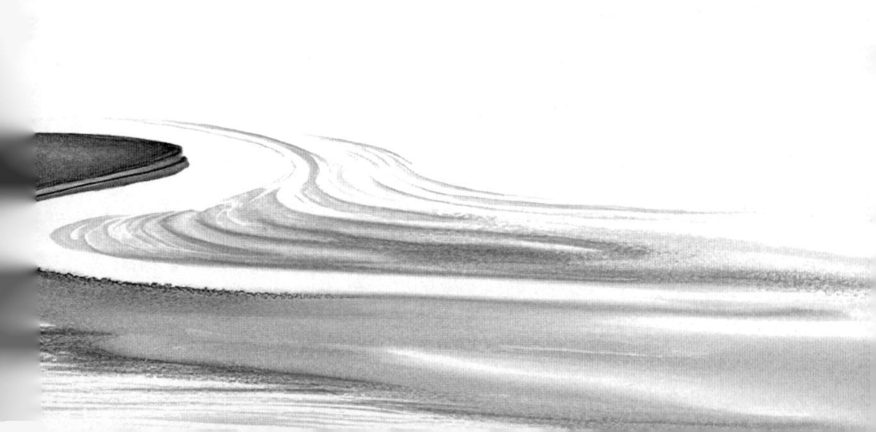

这一讲我们所讨论的问题，着重于一般生活中的社会教育。教育不一定仅限于学校这一特定环境，每天每时的行为、观念、想法，以至于衣、食、住、行等日常生活的细节，都是接受教育的机会。例如，与人相处，该如何保持适当的分寸？一句话、一个行为是否应该说或做？对其所产生的后果是否有清晰的预判？如此思考方式的养成，本身就是在为人处世之中，不断自我反省、自我修正、自我教育、自我提升的过程。**人生一世，许多事情并非预先计划好才能进行，可以边做边学、边学边做。同时，我们还要具备一种态度：事情并非一蹴而就，这次可能做砸了，只要能总结经验、教训，下次就可以做好一点。**

我们从小就做数学习题。习题做得不好，可以重新做。但是，人一辈子的每一分、每一秒，过去就过去了，无法“重新做”。所以，离开学校以后的社会教育，就显得尤为重要。否则，许多人人到中年，就自我放弃、躺平。甚至于有人还没退休，就觉得人生无望，这是很可悲的事情。

自我教育包含两个部分：自我教育和人生教育。自我教育，就是人要学会自我反省。如前所述，我们在工作、生活中做事情，要习惯提前构想、规划，而非事到临头，手忙脚乱，只是凭着过去的经验和下意识处理。如此处理方式，往往意味着重复，而无进步可言。

做事情的整个过程中，会面临许多机会，同时也面临许多选择。自己所处理的问题，也在不断变化、不断升级——或许当时会感觉到痛苦。**这一过程中所获得的成长、感悟，就是所谓“人生教育”。**每天、每时，每一桩事、每一句话，我们都会面临两种结果：做错了，或者做对了。做错了要自我反省，避免下次重蹈覆辙；做对了，其实也要反省——下次还采取同样的做法？还是有更进一步或换个角度的余地？这就是所谓的自我教育，是自己对自己的训练。

有些人学演讲，天天对着镜子练习，这是有道理的：在对着镜子自我观察的时候，他才明白自己的表现是否能恰如其分地表达自己的意思，其表情、手势是否可以与自己的话语互相配合。有些人将自我省察，亦即前述“对着镜子看”当作一种表演，而非“真正的省察”。所以，自我教育中要假想内心有面镜子对着看，检查自己的动机与动作。如果能养成这种习惯，则所谓的“教育”无时无刻不在。

人生的自我教育，固然是针对自己的，其实它也是社会教育的一部分。一个人的言谈举止，与他人沟通、交流的方式，会影响周边的环境，进而影响社会。个体置身于群体之中，个体的行为也能影响群体，这是中国传统的层层嵌套的观念。假如有孩子效仿这一行为，家长会告诉孩子是否合适，应该选择学习其中的哪一部分。因此，我们在生活起居的方方面面都要认真，注意自己的一言一行，不能不谨慎，不能不小心。或许某一刻，我们已经不自觉成为他人教育的素材。中国传统除了“言教”之外，尤为注重“身教”，也是这个道理。

回到社会教育本身，举例言之：一个人即将出国，行前大家举杯为他饯行，祝福“一路平安”。其所传递的含义是，朋友们希望他能好好享受这趟旅程，也期待他平安归来。日常生活中，类似的事情经常发生。这种场合该如何组织？其中说话的分寸该如何把握？这是需要我们用心思考、仔细掂量之处。类似过程就是在教育我们：**人要学会以合适的话语，拉近自身与他人之间的关系，不断提升自己的人生境界。**

1957 年，我坐船前往美国读书。临行那天早晨，母亲给我盛了一碗面。我们家的早饭通常没什么讲究，一般都是吃面，还常常拿前一天的剩菜煮。那天，母亲依然是用剩菜煮的面条，她一边端给我，一边将面拌来拌去，挑得高高的，对我说："老七啊，出去万里长程，五六年以后才能回来。面条是思念，一根一根，都是思念。"1957 年，我二十七岁，母亲六十多岁，如此情景，到今天我还是记得清清楚楚。1962 年，我从美国博士毕业回来，进门母亲就递给我一碗汤圆——团团圆圆，我们又在一起了。

所以，日常生活中，一杯茶、一碗面，都是一个促进人己之间了解、加深彼此关系的机会。这种行为，往往能将语言不能抵达的境界和情感传达出去。对当事人，是一个信息；对旁人，有助于他理解双方的关系。若是有心人看到如此行为，比如今天我讲给你们听，也能感觉到原来人与人之间，即使是母子，应该说的话还是可以说出来，还是有合理的分寸和适当的表达方式。

西方人的饮食以果腹为主，吃饱了就够。中国人讲究烹饪，日本人称为"料理"，这个词是从中国的"调理"转化而来，也就是"调和鼎鼐"。"鼎"和"鼐"都是古代的烹具，就如今日的锅碗，在其中调和食料，增添味道。中国人做菜，不像西方人那样——一放盐和胡椒就算做好了。我们是油、盐、酱、醋、糖五味俱备，所以中国的饮食讲究的是"调和"。

中国的烹饪祖师伊尹认为："物无美恶，过则为灾，五味调和，君臣佐使。"为什么我们通常吃饭是四道菜？它们分别代表“君”“臣”“佐”“使”——第一道是主菜，第二道是配菜，第三道是补充菜，第四道是压尾菜。这四道菜端上来时，如果是一道道上的话，“使”领头，或者压尾。如果领头，就是冷盘；如果压尾，就是小碟。“主菜”和“配菜”往往一起上，一个热汤，一个热炒；“佐菜”可能是拌菜，恰在中间。上菜的次序也好，选用的食材也罢，都是互相配合，有其内在的考虑。

中国人自古便知道肉不可多食，以解腻去油的冷盘辅之；素菜贵在清爽可口，但多含草酸，以乳类中和之。如此，主辅有别，荤素搭配；有炒有拌，冷热调和。通过这四道菜，既吃饱了，营养也均衡了。

同样，中药的配药与服用，其依循的也是上述原则。君药代表主要的治疗方向，臣药辅助治疗的效果，佐药调和治疗的正副作用，使药引导药效到达病变之处。这四个层次彼此平衡、彼此调节、彼此加强，以求达到最好的治疗效果。

刚刚我开讲以前，太太曼丽打开了一罐今天收到的茶叶——我这儿茶叶多得很，朋友们总喜欢送我。我喝茶分两种情况：一种是正规的、每天要喝的茶，一种是所谓的“应酬茶”。“应酬茶”随缘，什么场合，到什么人家，上什么茶，我都欣赏；若是朋友来访，他喜欢什么茶，我便陪他喝什么茶。

在此，我想提一提对茶的理解。中国茶类众多、南北各异，其制造方式也不尽相同，口感从清淡、温厚到浓酽，可以说应有尽有。不同茶叶间的区别，主要取决于采摘茶叶的时节，烘焙工艺和发酵技术也各有差异。一般人喜欢喝的绿茶没经过发酵，是新茶嫩芽初摘，立刻炒制而成。这种茶高香，但不耐久泡。红茶则是高度发酵，而普洱茶发酵的程度更深，尤其是压制成砖的熟茶，经过发酵后，香味不明显，却经久耐泡。我经常喝的是“铁观音”，属于半发酵茶，烘焙的温度不高不低，发酵的程度不深不浅。在我看来，它的茶酸、茶碱刚好平衡，在香气和持久度之间，也有其恰到好处的风味。

台湾“中研院”所在的南港，出产“包种茶”，也就是销往国外的乌龙茶，品质中等，虽然不起眼、不名贵，但好喝。我在台湾“中研院”上班时，每天八点到办公室，常往一个玻璃杯里投四分之一的茶叶，可以喝到下午五点钟下班。那一杯茶反复冲泡，喝了几个小时香味依然在，味道依旧甜醇，醒脑提神，令人回味。

吃茶本身，也有做人的道理可以参悟。有人钟爱锐气十足的高香，有人喜欢低调回甘的茶韵，也有人喜欢温和醇厚的口感，其中折射出不同人的不同个性，完全因人而异。冲泡过程之中，宾主之间的应答如何自如得体，则更是人生的修为。若是处理得当，即可迅速拉近人与人之间的关系。

生活起居似乎是常事，而人生的安顿，却恰在其中。传统的中国人，往往也注重通过这些细节——其实这也就是文化境界的落实，在不经意间，显露了人生的境界。希望有识之士，能够就此课题继续深入研究。

以茶为代表的中国文化及中国生活美学，在当今有复兴的可能吗？[①]

中国的茶道，最为讲究的当数福建。当年我到日本访问，与学者们交流时，他们以不同的方式招待我、表达善意，茶道是其中之一。但是，对我这种手脚不便之人而言，日本茶道非常麻烦。福建泉州的茶道，对我而言也很麻烦：按照规矩需要举杯，但我的手举不起来；喝茶需要低头饮用，与日本人的规矩相反。如此“相反相成”的经验，让我感觉福建茶道与日本茶道之间，有一定的历史渊源。

于是，我询问匹兹堡大学的日文教授：“你们为何对茶道如此尊敬？”他回答说：“坦白而言，日本天气太冷，沿海湿润之处又空气太咸。我们日本种的茶，品质不够。所以，历史上日本人食用的茶叶，都是从中国输入，因为来之不易，所以特别珍视。喝茶时要找朋友来一起品尝，尤其刚刚运到的新茶。”实际上，从法门寺唐代地宫出土的茶道用具，就有将青茶磨成粉末的器具，也有过滤茶渣的工具。

① 答弘益大学堂校长李乐骏问。

那么，泉州为什么也有茶道呢？我的挚友李亦园，他是泉州人，常常在家里以茶道款待客人，还从旁解释。我的手不便端起茶碗，我告诉他：“你的这种招待方式很好。我不重视仪式感或礼仪，但是我关注仪式背后隐含的观念、文化等等，以及仪式中间的交流、谈话等。”

然而，假若仪式超越了饮茶本身的需求，反而忽略了欣赏茶叶的自然风味，变成“一定要如何”，就不符合真正的自然之道了。陆羽的《茶经》里面，讲述了不同的情况之下喝不同的茶，以此满足生理和情绪的需求。

中国的茶饮聚会，比美国的咖啡聚会更具仪式性，但又不如英国的下午茶。如今的英式下午茶，规定了喝茶的时间、大概吃什么点心，也过于注重仪式感。其实真正的英式下午茶，其最初的目的是利用下午那一段空闲，在非正式办公的场合，一边喝茶一边讨论上午没解决的问题。居家的英式下午茶，则主要是家人、老朋友见面聊聊天的意思。

在中国过去的江湖上，有个很特别的矛盾解决方式——“吃讲茶”。两个人发生纠纷，找一位中间人调解。吃饭太正式，专门谈这件事又像谈判或打官司，喝茶反而是相较放松的方式。四川有很多茶馆，是摆龙门阵、聊天的地方。在过去，每天上午十点左右，没有外客，是认认真真的“公事茶”：由地方上有头脸的长者，主持解决地方上的治安问题、人际纠纷等，相当于审理官司。

这种方式非常严肃，但这中间也有茶道。第一碗茶奉给谁，谁就是当天的主席。第二碗是奉给“陪审官”。其他的陪审员，则是用托盘一起奉上茶。比如今天处理的是张三与李四的商铺纠纷，最后经过讨论和仲裁，得出的结论是：李四占理，张三理亏。那么当天的主席，会要求张三给李四奉茶，作为仲裁的结果。这是一套大家心照不宣的礼仪，也不必真的奉，象征性地举起茶盘，说一句：“李先生，对不起，这件事情到此结束。今天的茶钱，由我来付。”如此云云。

在我的老家无锡，也有类似的茶局。历史上很长的一段时期，无锡的地方官基本不必理事，实际上由一批地方头脸人物出头管事。有一个公园称为“公花园”，是中国最早的近代公园之一，公花园里的“清漪茶室”，是这些人物议事的场所。他们有二十来人，皆是由地方百姓推举、被大家尊崇的贤德之士，他们聚在这里，商讨如何管理公共空间、解决民间纠纷等。茶道，在这里具备了严肃的社会功能。

当然，我举这些例子，并非轻视茶道中的美学部分。我的意思是，茶可以有诸如此类的用处：它比饭局轻松，比纯粹的聊天严肃，也注重相当程度的品位。在特殊的时期和场合，还发展出一些相应的社会功能。我建议，在传递生活美学之时，使“饮茶”不但恢复社会功能，还能发扬光大，形成另一层面的人际交往的形态。

云南的茶马古道，与丝绸之路一样重要。丝绸之路是东西向，经由草地、沙漠，将西方的商货一路运往中国，中国的茶以及其他商货，由此途径运往北方的蒙古，以至于希腊、土耳其。茶马古道的主要方向是东西向，沿着恒河流域，西向传入印度甚至中东；另一条路则是南向，进入东南亚。所以，茶马古道的功能不亚于丝绸之路。这条路在宋代就非常重要。大理国在很大程度上充当了茶马古道中的转运站，南北两边的财富都汇聚于此。茶马古道运输的物资不限于茶叶，出口的项目也包括盐块、白银等等；而进口的项目，则包括海贝、象牙甚至犀角和香料等。

如何推广东方的智慧教育，让年轻人找到生命的幸福？[①]

花艺与茶艺是相对的，而且还能同时举行，在插花、品茶时，讲点别的东西。台湾的洪建全基金会，我想你应该听说过，创办人是我的学生。那里常年举办各种讨论会、讲演会，还有小型的五六个人的茶话会，大家聚在一起，共同讨论某个主题。我觉得花道传播，也可以参考这样的形式，比如举办类似的插花主题讲演会，顺便传授一下花的种类、不同的花在不同文化之中的意义等相关知识。

今日台湾的花道，受日本影响较深，着重于花叶的配合：高低、颜色、大小的平衡，有主有副，不同花材相互映衬。这是培养审美观念，也可以说是一种美学的教育。但是，我们不必执着于日本人的解释，或拘泥于西方人对各种花卉象征意义的解释，而可以立足中国文化本身，发展自己的插花艺术。比如中国的梅花花艺：花并不多，稀落数朵，注重梅枝的形态，重在欣赏枝条本身象征的曲而不折、疏而不落的那一种孤傲的姿态。

在无锡老宅，我的房间相当靠里。因为我一直身体不

① 答台湾中华花艺文教基金会原执行长黄燕雀问。

好，父母特意将我的卧室，放在祖母曾经用作“经堂”的边间。那间房只有一扇窗，外面是一个天井。天井里没有花，只有天井对面的一面白墙上，攀附着一条不知多老的藤蔓。这条藤蔓，一年四季皆有变化，晴雨天也不尽相同。年深日久，在那面墙上的斑驳水痕细细渗延，仿佛形成许多图案。这种对线条的审美，在中国人的绘画、书法、花艺审美中，都能见到。

我在芝加哥读博士时，五年间开了五次刀，每次要住院三五个月。所以，我有一部分课是在病房里上的。病房窗户对面，有一条常春藤，长在一栋红房子上。每年开刀的时候，我看着它花开花落，从枯萎又回绿。那个时候，心里甜酸苦辣，诸味并存，酸味居多。凝视它的时候，我总会想到故乡的那条藤蔓，自然也就想念远道的母亲。这种方式的欣赏，可以说是“自得其乐”，也可以说是“自我排遣”。

所谓“花道”，仪式只是表现形式，符合自然，彰显插花者自身的审美和趣味，是最重要的部分。若是你的朋友插花有了自己的风格，他也就能讲出一大堆故事——如同我前面所讲，其间的忧苦、欢乐，大家一听就都明白了，这远比看一枝玫瑰花如何搭配要有意思得多。我的建议：跳出陈规，积极参与，自由发挥，借花谈事。

如何看待中国社会教育忽视情感教育，传统文化复兴中推重“礼”忽视“乐”的现象？[①]

蔡元培先生曾说“科学救国，美育救国”，在我看来，“美育救国”何妨说是“美育救人”？中国在近代大学谈的学问，是技术性、研究性、探讨性的学问，是“优秀学者的学问”——这叫“科学救国”，但并非“常人过日子的学问”。“美育”的目的是“救人”，让我们做一个有真情实感、珍惜人生的人。近一百多年来，“美育”确实被轻视了，可是并非不能补救。在过去的传统社会，一个读书人若是不会写诗、填词，简直无法想象。但今天，不是诗人墨客的一般人士，又何妨他培养欣赏诗词之美的修养。

我自己平常会玩一个小文字游戏：看见一句好的诗或词，就找另外一句凑成对子。这能刺激我的想象力，也能发挥我的对比能力。比如我的客厅里悬挂着辛弃疾的《朝中措》，里边有一句，我认为是全词的“眼”：“一天星斗文章。”辛弃疾深夜睡不着觉，天太热了，便起身披了件衣服，到院子里抬头一看，满天的星斗仿佛满天的文章。多

① 答中国社会科学院哲学研究所研究员刘悦笛问。

了“文章”二字，“一天星斗”就有了无穷的意义。后来我看到元代诗人魏初的句子：“满眼江山图画。”这句诗与“一天星斗文章”，恰好能上下成对。后来我继续不断找出五六个句子，顺延成诗，从中感受到无穷的乐趣。我有一本著作《万古江河》，其命名就是因为曼丽提醒我“一天星斗”而引发的灵感。

“美育”也是如此，一个人不会作词、作曲、唱歌或弹奏音乐，但不妨碍他对音乐的欣赏和体会。经由如此途径，可以更好地感受人生的意趣。国家层面的大事，我们一般百姓也并不必天天挂在心头；**人生在世，还有许多其他的层面，值得我们自己培养一定的情操，一定的趣味，人生不就因此在饮食日常之外，多一番意味吗？**

自然教育给中国人带来过什么影响？如何在社会教育中开展好自然教育？①

将化石相关的知识引入生活教育，是很容易的事情。云南化石资源丰富，古人类遗址就发掘出好几处。无论是自然遗址还是人文遗址，出土的化石虽然看起来不起眼，但其中隐藏着气候的改变、地形的改变、生物族群的变迁种种信息。可以说每一块化石上都记载着丰富的知识，这是极其生动的科学普及教材。

在云南、贵州的溶洞里，有许多古代生物被钟乳石封存。千万年以后，成为一个原封不动的样本，留存于石中。我们研究一块钟乳石，看看里面有哪些虫类、哪种叶子，推断这里曾经是什么地形、什么气候，就仿佛回到了钟乳石形成之初的那个时代——过去的风景，在一块钟乳石里摊开，一览无余。

云南昭通出土过一件古猿化石，相当有名。这就带来一系列疑问：为何这一古猿可以从非洲走到云南？为什么它整个演化的过程，是在非洲而非亚洲完成？是环境的挑

① 答澄江化石地自然博物馆馆长陈泰敏问。

战不够吗？云南的环境与非洲迥然不同，但非常丰富多变。相较而言，云南的气候比炎热的非洲要舒服很多，为何这一古猿到云南以后，不继续往前演化？你是博物馆馆长，可以做的事情是帮助解说员发展一套解说词，将地质、化石、古生物、考古等学科的知识，以通俗的语言与观众对话，将遥远的过去与今天、现在、此刻连接起来。

云贵地区还有典型的喀斯特地形，在自然风光片里可以看见“天坑”：像口“大锅”翻过来，“锅底”锯掉了；天坑里面有水、沙滩、岩石、土壤，有的甚至可以住很多户人家，常年在此生活、耕种，仿佛道家所讲的“洞天”。这种地形所产生的溶洞里，有些动物千万年都生活在这一封闭环境里，导致洞里洞外两种生物群。这都是肉眼可见的自然景观，只是还需要找到合适的方式和途径，去向公众传播、讲解。

教育可以使人认清自己，但现在的教育明显是投喂式的，应该如何应对这一现象？[①]

你讲的是正式的教育、校门以内的教育，但教育的范围其实很宽泛。校门以外的“大社会”或“大学校”提供的教育种类繁多，接受教育的方式也非常多样。你所提出的“投喂式教育”或者说“标准化教育”，这是我第一次听说这一名称，相当传神——在台湾，相对应的名称是“输入式教育”。人生一世的学习过程，如此方式的教育应当在最幼小的时候所占比例比较大。逐级上升时，这种被动的输入法，就应当减少。直到大学时代的自动自发，以及“思考式”的教育。即使大学毕业，自我教育学习的任务，还有数十年时间，甚至于至死方休。

二十一世纪的今天，借助互联网创造的便利条件，我们能在线搜索到前所未有的海量信息——搜索任何题目，绝不会找不到答案，只是有详尽或简略、全面或片面、对或错的区别。互联网上还有取之不尽、种类繁多的各类课程资源，这就得靠自己去挖掘知识，为我所用。今天有太

① 答茶文化学者周重林问。

多资料在你手边，良师益友比比皆是，就看你怎么善加利用，清楚自己求知的方向。

中国教育的症结何在？路又何在？[①]

就国内情况而言，教改亦如医改，困难重重。比如教育资源极度不均衡，哪怕义务教育阶段的开支，仍让一些中低等收入家庭不堪重负，诸多大学课本所学一无是处，很多高材生没法成才；等等。其实，校园教育不是接受教育的唯一途径；教育首先是自己的事情。一个人在二十岁以后，已经有了一定的判断能力、寻找材料的能力，此后大多数教育其实要依靠自己的主动性来完成。即使是在学校里，老师四十五分钟的授课，也只是给学生提供了若干指引的方向，也许可以说是纲领式的教学，余下的工作还是需要每个人自己终身不断地进行。

美国的中学也分三六九等，有好有坏，主要差别在哪里呢？我的孙子是中学生，我们家里小一辈有很多孩子。这些孩子就读于各处不同学制的中学。美式的义务教育，各州甚至于各市，都有不同的特色。

这种“美式的多样性”，在中国未必能够实行，因为中国的教育从清末实行西式的校制开始，就是“一条鞭”

① 答媒体人、阅读推广人温星问。

到底。中国不同学校的水平，固然基本上是同一学制，但在实际的性质上，由于每个学校不同的发展过程，以及各个阶段投入的师资，导致各校之间的风格和程度还是颇有差距。我认为，学校教育的素质和程度，其实因地而异、因人而异。老师个人发挥的程度，实际上起到了相当关键的作用——一个热心而能力好的老师，对自己的学生自有感召的力量，会将学生带到他希望走的方向。而且，学校的好坏不仅体现在课程设置上，更体现在选择的师资，以及容许老师发挥的余地上。一个好老师，若是能引导学生发现学习项目、讨论课题、掌握方向，培养学生学习的自主性，又何尝不好？

很不幸，美国大学的教育学院在录取研究生时，比正常的文理学院分数低很多。假如到匹兹堡大学文理学院读硕士，绩点（满分 4 分）没有 3.5 分根本进不来，但去教育学院只用 2.2 分就够了。教育学院培养的师资，使美国的中学教育程度大受影响。如此结果，反而令有意愿的中学生自己独立学习，或者另寻材料，同学之间就特定课题彼此讨论、共同学习。美国的家长，大多数不能自己指导孩子们的功课；因此，孩子们在共同游戏、共同学习的过程中彼此互助，培养共同的兴趣。他们自己提出问题、讨论问题，他们去图书馆查找相关资料，有能力的家长可以给予指导。美国的图书馆服务很好，那些馆员基本上够格，能够帮助学生指点方向，找到有用的资料或资讯。

好的中学会慢慢养成这种开放式讨论的风气，这可能是好的中学和差的中学之间最大的差别。我认为在国内，这种风气还有待孕育，有待发展。

在快节奏的当下生活中，如何保持最初的热爱，不断学习与探索？①

现在有越来越多的“90后”，开始热爱并学习茶道、花艺、书法等传统文化。但很多时候，因为工作、生活的压力，没有太多的时间和精力，这导致他们和这些最初的热爱渐行渐远。

中国有句俗语：“贪多嚼不烂。”假如天天忙着去上各种培训班，顾此失彼也属正常。忙的时候，你可能会忘了学习知识的目的。目的是休闲排遣？还是为了学习一门技艺？还是为了享受、体会传统文化真正核心的部分？所以我的建议是：与其赶不同的项目，不如挑几个符合自己意向的项目，在家里先做一些基础的研究，然后再考虑是否要去上课。

举例言之，可以去博物馆欣赏书法作品，也可以回家临摹碑帖、与同好交流。因为先天原因，我的手写毛笔字存在困难，但是去台北故宫博物院看书法作品时，我可以比画——在大腿上、桌子上、玻璃上，跟随看到的笔画趋

① 答弘益大学堂青年教工代表左文涛问。

势、方向、力道比画，再观察字体结构空间上的动态。我还喜欢去看台北故宫博物院陈列的陶瓷碎片：上千片陶片、瓷片陈列在那里。不同的材质，其反射的光线、内涵的深厚、颜色的对比、形制与颜色的关系都不尽相同，有着无穷的变化可供揣摩。我还曾对管理员说："你下回可以把不同的红色残片，通通排起来。"他说："那怎么个摆法？"我说："这个是自我娱乐。你可以按色调的渐变顺序来排，也可以按色调的强弱对比排列。最有趣的部分是可以在这个过程中感受到光线的变幻、材料的区别、形质的知识以及不同时代的发展。"

书道部分，我常常看不认识的字，比如"草圣"怀素的字，没几个人看。哪怕看了无数遍，我还不能认识其中一半。我看草书的时候，就如观察一个人在走路、跳舞：他的步子怎么迈，如何跳跃、进退，又是如何从这行的尾部跳到下行的头部，遥遥呼应……高手写字，其实得意得很，你被提醒就会看见，不被提醒则视而不见。这种欣赏里，有无穷无尽的空间。

对诗词的赏析，十个名家解释同一首诗，可能存在十种不同的说法。如果让我解读苏东坡、李太白，在不同的情绪里，我也会有不同的解释。早年旅行时，我曾经去过山西风陵渡。黄河中游，大水汹涌，尤其是在壶口直泻而下，扑面而来，李太白诗云"黄河之水天上来"，诚不我欺。风陵渡地处黄河东折拐角，渭水从左边浩浩荡荡而来，进入潼关，牵手洛水，共同奔向黄河母水，是为“三河相会”。直的起伏碰上横的起伏，会激荡出怎样的巨浪呢？没想到它们到了风陵渡，竟然一片平坦，泄去力道，只剩微微起伏。这不期而遇的风景让人惊叹，瞬间仿佛让我回到旧日诗画的情境里。过了这么多年，回味当初的细节，我依然觉得历历在目。如此种种，都是在日常的审美生活中，提升自身的人生境界。

第十讲

人才的培养与未来世界

最好的教育是帮助每个人成为更好的自己，因为每个人都不一样。所以，我觉得未来的教育可能会更强调个性，好的教育就是帮助每个人都能够从教育中得到乐趣。[①]

对未来教育的展望

许倬云：各位参加讨论会的朋友，朱先生和钱先生，你们好！还有旁听的荔枝播客的朋友们，大家好！今天这个会，首先我想花一点时间讨论通识教育本身。我们正处在变化甚为迅速而剧烈的世界，其变化的速度、迅猛的幅度都前所未见。现在我感觉到，未来的世界逼人而来。

其中，有三点影响了我们的教育，影响了我们对未来的展望。一个是以科技为中心的生产方式、联络方式，我们探讨的未来也是以科技为中心的，甚至人文社会学科都被卷入科技领域。这个特定的条件，换句话说，与过去我们假设人文、社会及科技“三足鼎立”的局面完全不一样。我们过去可能认为，人文学科毕业的同学们缺少科技训练；倒过来讲，科技相关专业毕业的同学们缺少人文修养。现

① 本文为2022年许倬云与朱永新、钱致榕的对谈。

在，这个逼人而来的新世界，科技如此地掌握了主导权，我们的教育该怎么办？

我举一个例子，技术部门讲“自动化”（automation）、“人工智能”（artificial intelligence），这两个概念在不同的层面，以不同的角度介入我们的生产方式，介入我们周围交流的媒介。这个指向，假如以“生产自动化”来讲的话，我们是会面临有一天，人类丧失在产业生产过程中的角色的境况。于是就等于电影《幻想曲》（*Fantasia*）之中魔法师的学徒，他在如此情况下，已经没有办法操纵一桶桶水泼到世界上，导致泛滥的局面。在“自动化”的机器大生产过程中，汽车在生产线上自动组装出来，亚马逊的自动分类拣货系统已经极为精细——如此环节只要提前设置妥当，后面几乎不需要人参与其中。如此情况下，我们何以自处？实质上，人已经变成一个被支配者，而不是支配者。我们究竟该如何设身处地地安置人的位置？

二是世界将趋于“一”，相当于战国时代的“定于一”。那时候所说的“定于一”，可能是“定于一个天下”；将来人类社会的“定于一”，可能是“定于一个共同的天下”，地球上的人类组建出一个“命运共同体”。我们不希望世界上有“秦始皇”出现，也不希望美利坚合众国认为它可以发号施令，让众人循规蹈矩，遵照吩咐做。在这个全球化的、不可分割的世界中，大家如何能够做到平等、和平相处，不再由某个国家主导世界霸权？实际上，当今世界的各个地区和文化，已经是分不开、剪不断的局面。这种局面之下，我们该如何处理文化的隔阂，以及因历史原因导致的种族及国家之间的隔阂？我们该如何在新的形势中适应一些新的条件，最终实现人类“世界公民”的身份认同？

在上述预设的两种情况之下，我们对一个学生，是不是能够只教他医学、工程科学或历史学科等类别的专业知识，而不顾及这种逼人而来的变化？这是我提出来的问题，也征求两位的高见。

钱先生与朱先生，可能最关心“通识教育”的未来。所以第三就是，过去五十年来讨论的“通识教育”都以学校里的课程为主。近二十年来，互联网上出现的教材，借助新媒体互相沟通的方式，过去我们很少在学校教育里好好地使用，直到最近疫情全球暴发，各个学校才被迫在网上教学。美国对网络教学进行的检讨，其结论是成败各半。在一个没有教育主体存在，而是各个角度都有网络教材以及网上讨论的时代，我们能不能顺势引导，利用互联网已有的媒介渠道提供给我们的资料，将其发展为“通识教育”的媒体，形成全人类共有的、庞大的教育网络？这个网络不是一家主持，参与的各方都可以随时介入和退出。但是如何界定网络信息的对和错，如何界定其质量的好和坏，这是另外一回事。我就此提出这三个我的个人构想，请二位发表高见。

未来教育的重中之重

钱致榕：我就顺着刚才倬云兄讲的第一个话题“未来是什么样的未来”讲下去，我想把它讲得具体一点。

今天的学生还有一个迷思：他有自己的专业。大学四年里，他花两年半的时间修了大概 160 个学分，最后一年半就做其他事去了。他们觉得大学毕业以后可以凭借这个专业，从事这个专业的工作一直到退休，仿佛后面的人生和工作就都没问题了。这里存在一个很大的误区，这些想法不可能实现。原因就在于：第一，今天中国人的平均寿命已经不是解放时候的三四十岁，所以将来的中国人是不可能在六十五岁退休的，将来的退休年龄一定会推迟。第二，大家的寿命会延长，我想我们的学生将来的平均年龄会超过八十，甚至九十。第三，刚才许先生讲到科技变化之快，四十年前我们就说科技知识每四年翻一番，现在大概是每三年翻一番，翻得非常快，也就是说，专业知识落伍得非常快，这是第一点；第二点，人工智能开始起来了，以后凡是有“标准答案”的行业，很快都会被 AI 取代，比如现在最红的会计、精算师都是这样。

所以，我记得二十世纪八十年代的时候，我们在美国就开始探讨有关未来的话题了。那时候我们的预言是：在美国，到公元2000年的时候，年轻人大概每三五年会改行一次，七十岁才可能退休，也就是说，他一辈子要改行十多次。至于最近二十年中国的情况，我从统计数据、个体出发来思考这个问题，发现我们也到了那个地步。比如大学毕业生，有一半可以在本专业里找到工作，十年之后还留在那个专业里的不到十分之一；也就是说，我们现在专业的划分已经完全落伍，文理的划分都落伍了。我想最重要的是从人才的训练出发，人是没有文与理的分别的，只是为了工作需要、社会需要才被强行划分。所以，可以想象，我们都无法预测十年之后社会需要什么东西，更不要说五十年以后需要什么东西。所以，知识的传授不应该是大学的重要任务，能力的培养、人格的培养，这些才是最重要的。

人格的培养，现在我们的教育是完全不注重的；能力的培养，也没有重视过。教育部所发的文件里面，都说要注重培养各种能力，一下可以列出二十多种能力，可我就没有看到一门课注意到“能力本身的培养”。所以，今天学生走的路其实是一条死胡同，如何能应对未来的变化？而在这上面，还有个更大的问题——我希望有家长听到我们这段谈话：最近十年来，我发现我们的大学生，尤其是大一学生，对学习的兴趣越来越小。原因在于他念大学是父母逼的，可能选某一个大学是父亲替他选的，选某一个专业是母亲替他选的，通常的标准是哪一行比较红、比较赚钱。所以，许多学生一进学校就想转系。我就对他们讲：你是哪一个系毕业的都无所谓，你所学的专业只是一个载体。比如，今天我们要去伊犁的话，坐飞机去或坐火车去都没什么关系——要到那里去，这个最重要。所以你现阶段的学习，最重要的是能力的学习。

通识教育之“通”

钱致榕：接下来我想就“通识”这个话题，谈谈我个人浅近的看法。这十五年来，我成天就在这件事情里面。我觉得要从现在的课程内容改起，首先是要“通”。我们要实现教育上的“三通”：第一，通领域，就是跨领域的；第二，通时间；第三，通空间。所以讲一门通识课，比如“晚唐经济史”，严格来讲，这不是通识课，这是非常狭窄的专业课——我们真要讲历史通识课的话，就古今中外的历史一起讲。因为学校给“通识教育”的时间实在是不多，所以我们需要设计一批新课。需要让这些课真正做到又“通”又“识”，“识”是见识、胆识，各式各样的“识”。这不是一个资讯的事情了，而我们现在所有的课都强调资讯，或者注重课程结构怎么样设计。真正讲起来，我们教“通识课”的话，要问的问题是：学生需要学什么东西？他未来五十年需要什么东西？然后我们想尽办法教。某一个特定教学内容，也只是一个载体，透过学习这个内容，使得他学到些能力。哪些能力？比如自学的能力。因为他毕业以后要自学五十年，不可能每隔三年就回学校再学一门专业，所以自学能力最重要。然后，抗压能力很重要。最近十年来，中国大学生的抗压力越来越差。然后是解决问题的能力，还有与大家沟通的能力。这些能力如今的学生都必须具有，否则，他这一生会过得相当凄惨；而这些，都是我们大学教育没有谈的东西。

“通识”的话，就“通”而言是“三通”，宽广的知识、宽广的视野及开放的胸襟。视野非常重要，我看到今天有多少博士，尤其是985排行靠前的学校毕业的博士，视野非常狭窄，他们不可能应付未来的需要，这是我们需要注意的一点。

我还要回头讲，文理必须兼通。所有的人，有些基本能力一定要具备。比如理性推理的能力，不管是哪一个专业培养的学生，都得有理性推理的能力；并且人文精神必须得有——理工专业的学生，人文精神就得好好学。不过我有一个很惊人的发现：我在文科领域待了快十年了，慢慢谈起来，发现文科的教授不一定有人文精神，而理工科的教授也不一定有很强的逻辑思维能力。真讲起原因，我就发现这两个东西——我们认为很重要的——都不在今天大学真正的教学大纲里面。

我们教师的责任，应该是“传道，授业，解惑”。我想“传道”大概今天的教师都没做到，因为我们自己都还没“得道”；“解惑”，我们也很少有机会；我们的工作主要侧重于“授业”，而“授业”也不是教育学生寻找一生的“志业”，而是教授给他资讯。所以，我们的教育若是如此持续下去，我很替未来的大学教授担忧。因为，学生现在从网络上获取知识，比我们知道的快得多，不需要教授来教。尤其这次疫情持续了一年以后，各个学校都有在线教育，做得还蛮成功的。可是，线上教育没有办法使得学生文理兼备，没有办法把学生的自学能力培养出来，还有他们的抗压力、品德之类的基本素质，都没法通过线上教育培养。所以，将来教授们面临的局面，可能是另外一种。我想西方那些模式我们学不了，可能还是需要回到我们的传统文化里，比如韩愈的《师说》里面所说的：“传道，授业，解惑。”十几年前我看了那一段，顿悟我们当前的教育要回到那条路上去，所以就把一些比较狭窄的专业放在一边，全心投入所谓的“通识教育”。

我觉得“通识教育”这个名字不好，原因是“通识教育”现在已经非常“贱”了。在同学的眼光里，花时间最少、拿分数最高、水分最大、最容易应付的，就是通识教育课。所以，通常我们称之为“博雅教育”：“博”，就是让学生习得广博的知识，具有开阔的视野与开放的胸襟；“雅”，就是培养学生具有高尚的品位，其实是令其对人对事有一个非常严肃的态度，如此才能对自己高要求，比如，学生就不应该作弊，这是基本的道德底线。我曾经参加一个荣誉教育学会，有一次开峰会请我去演讲。我问：在座一百多个学校，你们学校考试需不需要监考？结论是“考试必须监考”，否则学生就会作弊。假如不监考学生就作弊的话，还有什么“荣誉”可言？所以，我想我们今天谈教育的话，要从一些很基本的东西开始检讨。我就很赞成许先生所讲的：我们未来需要什么？怎么样做到？

同时还有一点，就是如何将未来与我们的过去结合起来，不能把过去都丢掉。我们从前有很多宝贵的东西，只是要用今天的眼光去解读它，或者勾连起来，就能发挥其当下的价值。否则，大家一心都是觉得西方好，都学西方，把中国的东西都丢掉了。我觉得这次的疫情，对中国有一个非常大的作用，就是突然一下让我们认清了非常残酷的现实：我们想与世界接轨，世界不一定想与我们接轨。所以，最重要的是我们应该向未来接轨。中国的未来在哪里？我们的学生的未来在哪里？我们认识清楚了，再看看需要培养学生什么样的能力，需要教授什么样的知识。

未来教育之变

朱永新：刚刚两位先生讲得非常好，我基本上同意二位的基本判断和观点。前几年我写了一本书叫《未来学校：重新定义教育》，应该说这本书不仅是对基础教育的思考，也包括对高等教育的思考。刚刚许先生讲到，未来的教育应该建立一个全人类共通的教育网，线上教育与线下教育的融通，肯定是一个必然的趋势。钱先生讲到“通识教育”的意义和价值，我觉得都是一个基本的方向。但是，我觉得其实最根本的问题，就是我们对传统的学校教育包括大学教育的判断或者说认识，应该有新的变化。

过去的大学教育从总体上来说，与当初中世纪的大学教育的性质已经不完全一样了。现代的大学教育在一定程度上是为职业做准备的，所以它有那么多专业，有那么多精细的分工。其实在很大程度上，当前的大学教育体制是为了帮助一个人安身立命，找一份好的工作。但是，未来的社会不是这样，因为未来的社会里，人的工作会发生很大的变化：我认为工作和学习，会是一个交替进行的过程。因为现在这样一种学习模式，一个学生可能一直要读到博士毕业才参加工作。在中国，一个人要到三十岁左右才能读完博士，也就是说，他们人生精力最旺盛、学习能力最强、最有激情、最有梦想的一个时代，都在学校里度过，我觉得太可惜了。所以，未来除了极少数做研究的人——他需要连续性的、线性的学习，绝大部分的人其实应该是一边工作一边学习，二者交替进行。这个时候，是最能够把人的创造性、激情，以及能力充分张扬和发挥出来的。所以我认为在未来，这样一种把大学教育作为职前准备的时代将会过去。

过去的大学为什么重要？因为你只有在大学里才能接受高等教育，而未来都不需要。因为刚刚许先生讲了，我们整个的知识体系、教育内容，它已经“泛在化”。也就是说，学校不再是一个学术精英集合、垄断知识的场所，通过非学校的路径，同样可以学到很多。比如今天晚上，我就从钱先生这里学到很多，从许先生那里学到很多。所以，未来的网络课程，线上线下结合的方式将会更为普遍，而且可以根据每个人的特点和需要来进行自主性的学习。传统的学校包括大学教育，基本上它有一个严格的课程结构；这个结构，很大程度上是我们强加给每一个学生的。虽然有选修课程，但是学生的自主性其实很不够，这是我的一个基本判断。

关于“通识教育”的问题，尤其是刚刚钱先生认为“通识教育”更合适的名称应该是“博雅教育”，我觉得有一定的道理。我不知道两位先生是否听说过斯坦福大学的一个团队，他们对四个国家的理工科大学生做了一项为期四年的跟踪研究，很有意思。中国、俄罗斯、印度和美国，这四个国家的学生，一年级进校的时候测评，中国学生的知识体系以及学习能力最好，美国学生的最差；但有意思的是，四年以后毕业时再测评，美国学生变成第一了，中国的学生排行末位。他们分析，其间的原因是什么？当然有一个很重要的原因，是美国大学生的淘汰率很高，美国学生有百分之四五十没能读完大学，中途就离开了，所以他是用一半的学生与中国学生来比，而中国学生淘汰率几乎为零，这是其中一个因素。但是，他们认为还有另外一个很重要的因素，美国学校的人文课程相对比中国学校要多，所以，美国学生所接受的“博雅教育”或“通识教育”，相对而言比中国学生要多一些，也更充分一些，所以其批判性思维能力更强一点。中国学生更多地强调标准答案、强调练习，对这种批判性思维和人文精神的关注是不够的。所以这个结论，我觉得也验证了刚刚两位先生提出的“通识教育”的意义和价值。

我们在教育中，到底应该把“价值理性”放在最重要的位置，还是把“工具理性”置于最重要的位置？这本身是一个非常重要的问题。现在无论是大学教育，还是中小学的基础教育都存在相当大的问题——我觉得大学教育的很多问题，其实在中小学已经埋下了。所以就大学去改造大学，我觉得还是有很大难度的。所以，未来的教育改革应该针对整个教育体系，是一个系统化的改造。

接下来，我提出几个基本观点。第一，未来的学校，无论是中小学的“school”还是大学的“university”，都会变成研修中心（learning Center）。也就是说，它不是在围墙内来进行学习，它一定是超越围墙，超越课堂，超越校园的，是线上和线下结合起来的，社会教育资源和学校教育资源互通的一个过程。

第二，未来一定是一个“能者为师”的新时代。现在我们的中小学也好，大学也好，教职和教师数量是相对固定的。无论是大学教授，还是普通教师，其实他们的“能动性”是不够的。那么，如何才能让社会精英参与其中，真正成为我们未来学子的导师？当前的整个教育体系，要进行相应的改造方可实现。如刚才许先生所言，未来人工智能出现以后，大量知识性的课程其实不需要由一般学校去完成了。如刚刚钱先生所言，学校的责任可能更多的是培养学生解决问题的能力。所以，美国现在在基础教育上，已经出现了一个很重要的趋势，就是 PBL（project-based learning）——项目式学习，它不再是传统的课堂教育形式，而是以解决问题为导向。未来的大学教育，恐怕也会沿用这一方式。否则，中小学都已经改成 PBL 学习形式，大学如果不跟上，就不合理了。解决问题的能力，当然包括沟通能力和自学能力。其实这些基本能力的教学，一定是结合解决问题的过程来进行的。所以，那种传统的课堂教学的方式肯定会发生很大的变化，而且大规模的大班教学未来都会被淘汰。肯定是小规模的、合作社式的教学，会成为一个非常重要的取向。

而且，我也赞成两位教授提到的，未来家庭在整个教育的过程中，也会发生越来越重要的作用——我提出了一个观点叫“王者归来”。我们的教育，的确是到了一个需要重新构造的时代了，因为现在整个教育体系，包括高等教育在内，都是大工业时代的产物，它的整个设计是根据工艺流程来进行的。但是现在已经到了信息化社会，所以它一定是以个性化、多元化、国际化为基本导向的新的体系。

“行知教育”没有终点

许倬云：对二位的高见，我当然非常佩服。他们方才讨论的角度很宽，内容很深入，而且都是自己经历过的事情，来自他们亲身的经验和观察。

我看到朱先生的履历，包括“中国陶行知研究会会长”的身份。“行”与“知”如同迈步向前的双足：左脚“行”，右脚“知”，一步一步往前跨越。“知行合一”本身是长程的教育，将“知识”放在“行为”之中，将“行为”放在“知识”之中。每一次做事情也罢，做决定也罢，都是一个继续不断的自我教育的过程。

但是，这一理念落实到学校教育之中，学生很难理解，课程设计也很难实现。实际上，这种“行知教育”也就是“生活教育”，是要一生奉行的。陶先生的“行知教育”并没有终点，我们自己教育自己是至死方休的事业。所以到那个时候，才说“我可以放下我的拐杖”，我到现在可以安心了。这个态度在一般的老百姓心里，并没有很深地植根，一般的同学将接受教育当成习得一个谋生技能的工具，甚至只是为了获得一个谋生的资格。

教育除了谋生以外，还有一节，可以说是“超越”。日常生活需求的“形而上”的部分——陶冶性情、铸造人格，也自我期许，到达某种境界。这一环的教育在无形之中，每天都在进行。区别在于有人不知道，有人知道。我们要思考一下：我们的同胞——不论是海峡两岸还是全世界的中国人——我们这个文化里面教育出来的子弟，应该接受什么样的教育？我的孙子是混血儿，他的妈妈是白种人。为什么他们年纪这么小的时候就会忧虑？是他早熟吗？不是，在他同年龄段的同班孩子里，这种情形很普遍。如此情形有时候令我恐惧：他们几乎就没有童年。但没有童年、早熟，会不会反而是好事情呢？纳兰性德的命运不好，英年早逝。但我孙子这一辈孩子，他们是不是早早就考虑到人生怎么立身处世，怎么安身立命，将自己放置在哪里？

我看他们阅读的东西，听他们聆听的音乐，与三十年前的年轻人很不一样，他们时代性的忧虑很强烈。中国孩子现在反而是时代性的乐观很强烈，中美这两边倒过来了。

我们考虑到中国人的下一代、下两代、下三代的时候，是不是要考虑到其他国家教育出来的孩子会怎么样？或者其他国家的成人，面临那么多资讯，天天在线也罢，电子邮件也罢，他们获得资讯的态度，“行”与“知”有没有互补？他们有没有培养反省能力的习惯？这不是我们能回答的问题。但我感觉到，我们正在面临这些问题，也要正视它们的存在，因为我的孙子在这个背景下成长。

《万古江河》大概是我最为人所知的一本著作。我写的时候就有准备，这本书是为世界走向一个“共同天下”所写，未来人类社会将是“万流归宗，终回大海”的世界。但是，很多我们历史届的同人——比我年岁长的、比我年岁小的、与我同辈的——都觉得这本书与他们心中想的“通史”不一样。

但事实证明，这本书出版至今已经快二十年了，我当初构想的角度，对今天的读者还具有意义，恐怕比读某一家的思想史、某个时代的经济史更容易把握。我所采取的角度，虽然粗枝大叶，但是能给他们提供一个“文化比较”的可能性，脱离中国本位的习惯思维。

中国文化正在走向世界的大海，美国文化和其他文化，都可能在走向大海。在这条路上，谁对谁错，未来再判断，但我们不能预设自己的文明是伟大、先进而优秀的。所以，对我们的子女、孙子们，是不是能够在日常生活之中，也灌输如此态度？但是，若想这样教育孩子，我们要倒过来先教育他们的父母，以公众教育、社会教育的方式。为什么这几年来，我几乎不拒绝与我谈话、对我访谈的人的要求？照墨子的话说，我是将自己整体投入，奉献给社会，将我所知、所想，与大家共享。因为有这么多人找我提问，所以我想我在互联网上面的曝光率，相较一般同人可能是多一点。我不以此为荣，也不以此为苦，我只是想拿绵薄的自己，送上"知识的祭坛"，让有缘人经过"祭坛上的祭品"，得到自己的启发。

朱永新：您在中国是"网红"啊，有亿万人看您的讲演和视频。

许倬云：谢谢！我这叫"摩顶放踵"，拿自己当一头猪、一只羊，送到祭坛上，奉献给学生，奉献给老师，也奉献给社会，这是我的想法。我们在学校教书的人，或者不在学校教书但以求知为专业的人，若是大家都能将"知""行"两个字合二为一，付诸实践，这股潜力可能非常强大。而且，这股力量不需要协调，各安其心，各尽其能，大家可以尽力而为之。哪怕不能看见最后的结果，也须尽力而为之。在这里，我也是许个心愿而已。

关于“博雅教育”还有一条我要讲：美育与群育。人在人群之中，人有人的情感，人的感受也是对周围关系的投射。换句话说，美学、群学不只陶冶性情，提高一个人的品位，还能提高他的敏感性。智性的敏感是能够体会什么叫苦难，能够懂得什么叫美好。如今许多人只知道“个人自由”，但这种自由是相对群体而言的。你有没有把个体摆回群体去？你对群体有没有贡献？人都是心灵敏感之后，才会获得自己的智慧，以及发挥自己的潜能。这种智慧，也是无法教的。但是假如美育和群育做得多、做得好的话，未尝不能陶冶性情。

我发现 YouTube 平台[①]上，解读苏东坡诗词的人最多。因为苏东坡的人格、修养与智慧，亘古少见。那些解读他的人，本身就被他所感动。比如我们在黄山游玩，能不能将山水与人的性格、社会乃至宇宙连接在一起？就像苏东坡在赤壁之下游玩，写出前后《赤壁赋》的感觉。我们能不能让学生也具备这种能力？不一定要去郊外、公园，还可以到河边、海边感受一下，发动学生的敏感力。这个可以在学校教育里，课内课外做到，但要有一批人来从事这方面的课题。

刚才与各位谈话的时候，我忽然想起自己在十来岁

---

① 视频分享网站。

时，读过一本书叫《爱的教育》。我想朱先生可能记得，叶圣陶先生为这本书写过导读。叶先生是陶行知先生他们一辈的人物，也是一辈子许下心愿并终身践行的人物。我去苏州甪直[①]的时候，曾到叶先生的墓前向他鞠躬致敬。这本书不是初中生看得懂的，但能从以“感”和“情”来表现爱的精神这个角度来写书，了不起。

朱先生，我在辅仁中学有一位恩师沈制平先生，他曾教过我英文，据说五十年代前往苏州大学担任英文系教授。他老人家今天不可能在了，他是很了不起的老师，让我深受恩惠。

朱永新：我知道，因为我在苏州大学做过教务长，所以我知道老先生，他老人家已经去世了。

终身学习的力量

钱致榕：我顺着许先生刚才讲的“生活教育”往下展开，我就用另外一个词——“终身学习”。所以很重要的一点就是培养学生的自学能力，让他们养成自学的习惯，并且要激发他们自学的兴趣。我想兴趣、能力与习惯，这是

① 甪直（lù zhí）镇，江苏省苏州市吴中区辖镇，是一座与苏州古城同龄，具有 2500 多年历史的中国水乡文化古镇。

要并进的。今天中国的孩子们经过中小学十二年的应试教育，学习的兴趣也给抹杀得差不多了，一般都是为了应付高考而学习。这些年我到高中去仔细看他们教学，发现高中基本上不教东西，比如牛顿第二运动定律、力学，老师不会教你第二运动定律，他只说这一题这么解，那一题那么解。所以学生准备高考是非常辛苦的，他们接受的教育，不是让他们把牛顿第二运动定律好好学通了，而是不断地去刷题目、背题目。所以，当前的应试教育把孩子扭曲得很厉害。

我在教大一学生的时候，常常与他们开玩笑。我希望有个重置按钮，一按下去就能让他们把中小学学的东西与习惯都忘了。我们从头来过，几乎需要放弃旧思想、旧习惯，因为有个价值的问题在那儿，学生们不知道还有一个判断能力的问题在那里，这是一点。

另外一点，我们谈到了用现代技术进行线上的教育，像慕课（MOOC）等各式各样的平台。我发现线上教育有一些问题：第一，我们把它想得太容易了；第二，把它的效果想得太强大了。我一直很好奇，想好好地学一下DNA，因为DNA是我拿了博士学位以后才研究出来的东西。我上网去学麻省理工学院、哈佛大学以及斯坦福大学的课，我相信我的学习兴趣相当强，可是我就是跟不下去。学校基本上就是把授课的PPT和视频都放到网上去，但是我发现这种方式的学习还是不行。后来我试着自己做慕课，我发现的确是非常难。我估计要发展出一门好的慕课的话，大概要七千个小时，把你的时间投进去——这个前提，是假设你已经教这门课教过十年了。即使这样，我拜访过很多慕课上的名师，他们教的课，去选的人都是两万人起。我就一直问：有多少学生能学到最后？他们说不知道，唯一知道的就是结束时要考试，考试通过就给学分。通过这种途径发现，最后大概有 2% 的人会参加结业考试——那是最好的中文慕课。

所以我想，困难在哪里？像判断能力、思维能力之类的，在线上是很难教的，线上是教知识。我觉得我们要搞“博雅教育”，真正培养“全人”的话，得开一些新的课出来，那些课是文理兼备的。我的梦想就是，我们的大学假如真的重新开展教学实验，我们得找一个大学，苏州大学也好，中国海洋大学也好。可能苏州大学太有名了，我们得找没有名的学校才愿意做实验——前两年不分文理，不分院系，就学“如何做一个人”，学作为二十一世纪的人所需要掌握的基本能力。不过在这个过程里面，我觉得知识框架非常重要，因为知识框架跟判断能力在线上教不出来，必须耳提面命。

所以“通识教育”的话，我想很重要的两点，一是自学能力的培养，二是知识框架体系的建立。假如我们讲

“博”、讲“通”的话，这个框架就必须广。所以，六年前我做了一个实验。我这一辈子教过三十九门课，就再设计一门课——我的第四十门课，能不能把文理与古今中外的历史整个连接起来讲一门课？我把它叫作“宇宙大历史”。从一百三十八亿年前宇宙怎么诞生讲起，到四十七亿年前太阳系怎么诞生，四十六亿年前地球怎么诞生，三十六亿年前生命怎么诞生，然后到两万年前的农业革命，三百年前的工业革命，一路下来到今天的后全球化，古今中外一口气讲。我发现牵涉的领域非常多，比如讲历史的话，必须要讲古气象学，每次匈奴南侵都与北方气候的变化有关系，与北欧海盗南侵几乎是一样的气候原因。如此一来，就能让学生突然发现：古今中外的历史变动，都有一个宏观的规律在后面。他们就非常好奇这规律在哪里，他们问我：“未来怎么样？”我说：“未来我不知道，要你告诉我，还要看你们怎么样去开创未来。”假如我能知道过去的话，我将古为今用，对未来的判断与选择就会明智一点。这只是一个例子。

这门课很难教，因为牵涉到大概四五十个专业。幸好我们不需要讲细节，大的框架出来就可以。像这类的课，多开一点的话会很好。我现在碰到一个困难，就是要找大学接这门课非常难，没有学校敢接。我问了好几位讲座教授，他们也不敢接。那把慕课开出来的话就好办了，可以在慕课上讲，然后老师再讨论。

当今中国教育的迷思

钱致榕：刚才朱教授讲，大班教学是不行的，我在这儿要补充一下。我一生在美国教书，教课班级最多六百个人，最少十几个人。在中国青岛，我实验了一下，一门课我可以教到一百来个人，这是我的极限。我把一百来个人分成十二组，每八到九个人一组，他们每个星期要去讨论一次。我自己找了个助教跟他们，发现教一百个人跟教五十个人分别不大。假如真是只有二三十个人的话，就不需要分组了，那是另外一个做法。

许教授几天前讲过，我们的目的不是培养精英，不是培养诺贝尔奖得主——事实上诺贝尔奖得主不是培养出来的，是自己撞出来的。假如我们要培养一般的人，我相信大班教学是逃不掉的。大班教学本身不是一个罪过，而是我们不知道怎么去用。如果能够把现代科技用进去的话，会好很多。假如我们发展出一种教学方法，每一班只能容纳三十个学生的话，我相信是行不通的，必须从实践入手。大学教育现在已经是大众教育了，不是从前 6% 的人才可以上大学的状况，如今每年的大学生有一千多万。当前的教育改革，必须从小规模开始做实验。我跟教育部的人讲，要求每所学校每年能开出一两门好的课，已经不容易了；一个命令下来，一年要开一万门课，这是大量生产（mass production），重量不重质。这是我们今天碰到的一个状况。

另外一点要补充的，就是今天的中国有种迷思，尤其在企业界，他们希望招聘的大学毕业生立刻就可以上马，立刻就可以用。三年以后，如果现在从事的行业、使用的技术不再存在，他再雇新的人。所以人才对企业来讲，是一次性的免洗筷，用一次就丢。这是非常不人道的想法，并且也非常不现实。我们必须想到一个年轻人，国家好不容易才培养了他，国家投入巨大成本培养出的大学生，不能用个三年就丢掉了，这是一件说不通的事情。所以今天教育上有很多东西，你把数字放进去考察的话，就会非常惊讶——我们怎么会容许这种事情存在如此之久？可我又发现：因为它存在那么久了，要改起来是不容易的。我很欣赏的，就是许先生把这些大的方向提出来。方向一旦提出来，下一步可能就开始松绑，让大家去试一些新东西。在调适的过程中，最好不要把国外的东西生吞活剥地带进来。我在国外教了五十年书，我知道是怎么回事，很多东西是学不来的，并且我们也不需要学。不如就从我们目前的问题谈起，分析起来，看看我们有什么样的条件，有什么样的学生，有什么样的家长，然后找出办法。

我顺便共享一点小的信息。最近十二年来，我与我爱人近距离接触了快两千个大一学生。我们发现，他们身上呈现的问题，大概三分之二都是来自家庭。所以我们想，中国海洋大学行远书院的学生，招来以后，有一个要求：把他们的家长也请来，和他们好好谈一下。我们今天谈的东西对如今的家长帮助不会太大，原因就是他们集中精力，就希望孩子毕业找到一个好工作。当我告诉学生，可能四年之后毕业的时候他们就要改行，家长们就吓呆了，觉得这是不可能的事情，然而，这些事情正在发生。所以，如何让家长对未来也多一点了解，这很重要，这就牵涉到大众教育。像许老师就不得了，他有一亿观众在那儿，他讲一句话就能影响到一亿家长、两亿学生。如果我们教育改革能有这样的效率，那大学教育的问题就解决了。

未来教育的真正之“道”

朱永新：刚刚钱先生讲的观点，我是赞成的。其实不分文理，已经有很多大学在做这样的探索。我不知道钱先生有没有听说过，美国有一所密涅瓦大学，现在不教专业课程，只教方法论课程。因为专业课程更多的是通过互联网，通过其他路径就可以自己解决的，所以我觉得这个没问题。

另外，钱先生讲的“宇宙大历史”，以色列的一位历史学家尤瓦尔·赫拉利出过一本《人类简史》，基本上就是这样一种思维方式，所以文理的交融肯定是一个大的趋势。我在二十世纪九十年代就提出过要取消文理分科，因为文理过早分科的问题是非常严重的。刚刚许先生也讲了，你也讲了——学文的，文也学不好；学理的，理也学不好。因为这两种思维方式是互补的，你分开以后只能培养"单向度的人"。那么当他碰到复杂性的问题就没招了，就没有应对的方法了。科学、艺术、人文本来就是一个整体，你人为地把它分开，分得越早，问题越大。

所以，我现在做了一个探索：我提出未来的课程，应该就是大科学、大人文、大艺术、大生命。基础课程是生命课，因为我研发了一门生命课程，把人的生命分成长、宽、高三个维度：我提出要拓展生命的长度、宽度和高度。生命的长度主要解决安全和健康问题，你活得长才是硬道理。我们如果都能像许先生这样，活到九十二岁还这么思维敏捷就太好了。这和健康的知识、人的心态、人的素养，其实有着非常密切的关系。所以，我们要把关于人的生命长度的知识也教给孩子。生命的宽度，就是你要懂得怎么和别人进行有效的交流、交往和分享。生命要有高度，是指你要有价值观，要有信仰。这门课程现在没有成为学校里的基础性课程，我觉得是很有缺陷的，这是一门非常重要的课程。

教育首先要安顿人的生命，生命安顿不好，教育就缺少了最结实的基础。在生命之上才是科学、人文，大科学、大人文其实是完全可以做到的。就像刚刚钱先生讲的，《史记》是历史、文学，还是地理、哲学？它什么都是，所以用好的文本来进行教学，或者给学生讲“宇宙大历史”，学科的渗透就可以解决了。

现在在美国很流行的 PBL 学习的方式，包括 STEAM（由 science，technology，engineering，arts，mathematics 等学科共同构成的跨学科课程）——STEAM 的课程最初在数学和工程里面，现在已经加入了越来越多的人文要素，最后就形成了文理的真正融合。那么，未来大学教育可能也有两种大的发展趋势，一种还是专业性导向的，但那是以研究性和工程性为主体的专门性的领域，更多的人学“通识教育”就够了，因为“通识教育”可以让他具有很强的学习能力，他大部分的知识学习是在工作中进行的。我主张一个年轻人，二十岁左右就可以一边工作一边学习，这样一来，他的学习动力会更强。除了那些需要持续性学习的研究岗位，要做专家的继续进行学习，一般的社会职业，像公务员等，完全可以一边工作一边学习，特别是通过一些辅助性的措施。所以，我觉得我们用同一个目标来要求所有的人，这个方向是错的。

最好的教育是帮助每个人成为更好的自己，因为每个人不一样。所以我觉得未来的教育可能会更强调个性，好的教育就是帮助每个人都能从教育中得到乐趣。就是刚刚讲的，他要保持他的兴趣，保持兴趣的最好方法就是学他自己想学的东西。而且人的知识是自己建构起来的，它是不断地自我建构的过程。你塞给他的东西，他很快就会丢掉的——主动建构起来的东西才是属于自己的。所以，我们应该帮助学生养成自我建构知识的能力，自我学习的能力，自我发展的能力，我觉得这才是当前教育的关键所在。

另外我也赞成刚刚钱先生的观点，小规模的教育探索和实践是很重要的。因为教育没有一个放之四海而皆准的标准，在这个人身上适用的，到那个人身上可能就不适用。所以应该在不同的学校进行不同的探索，最后来确定。一刀切是不行的。中国是那么大的一个国家，不同的地方、不同的地区，经济发展、社会发展、人的发展都很不平衡，用一个标准来做教育，肯定是要出问题的。我也赞成关于家长的问题——的确，因为现在整个中国最大的问题就是全社会的教育焦虑。焦虑来自哪里？其实更多地来自家长施加的压力传导，所以学生的问题的确是来自父母的更多。去年疫情期间，学生出现问题的比例要比平时高 40%。我不知道美国和中国香港地区的情况怎么样，就中国大陆的话，我们学生的心理问题，包括轻生行为出现的比例比往年要高 40%。这些孩子是在家里啊！他到了学校以后，情况反而会好转。所以这就说明，我们全社会的教育素养是很重要的。也就是说，我们要帮助大家了解人生的意义是什么。

这其实与我们整个的教育也有很大的关系，我们的教育没有把真正的“道”，真正的人生的意义、人生的价值传达给社会。所以我一直说，我们至少要让父母意识到：幸福比成功更重要，成人比成才更重要。像这些，在我们教育里面都是一些常识，但这些常识，没有成为全社会的共识。大家还是认为你一定要考个好大学，一定要找个好工作，一定要出人头地，那才是光宗耀祖的，才能让父母有面子。所以，在很多父母的教育之下，他们的孩子不是为自己学习，而是为父母学习。

中国有一个很典型的故事，我不知道两位先生有没有听说过。有个孩子，他的志向是做一个艺术家。但是他的学习能力很强，父母希望他做科学家，所以他成为一个少年大学生。后来他到美国拿到了生物学博士学位，当天，他把学位证书寄给父母，说：“你们交给我的任务，我完成了。从今天开始，我要干我自己想干的事了。”他没去从事他的专业，而是去走自己的艺术道路了。如果父母早一点尊重他，早一点让他做他自己想做的事，可能会好很多。

所以，我觉得教育需要探索，需要小规模的各种各样的有益探索，然后我们再去甄别，再去研究，再去推广。

而且在不同的人身上，可能适用的是不同的方法。另外就是要提升全社会的教育素养，我觉得这是我们教育从业者需要考虑的。

许倬云：我很感谢两位先生如此投入，提出许多宝贵的意见。时间太短，不然我们还可以继续聆听各位的高见，希望我们将来保持联系。

附录

如何面对人生的迷茫与困惑[①]

中央美院的先生们、同学们，各位好。

关于你们所提出的问题，我读了两遍，心有戚戚。我很理解同学们在这个年代有许多惶惑，而老师们也想尽力帮助同学们，有时候却觉得心有余而力不足。

我与大家的感觉一样，我也是教书这一行的人。教了一辈子书，有中国学生，也有外国学生，无论是同事们，还是学生们，他们所面临的困惑、迷茫，与大家类似。

我觉得没有一个时代，年轻人不会感觉迷茫。原因在于，

① 本文为2023年4月，许倬云先生在中央美术学院主办的2023“未·未来”国际教育论坛的演讲。

我们出生在现在这个世纪。活了一辈子，深感这一个世纪，世界的变化极大，人间的变化极快：国与国争，民与民斗，包括“阶级”的出现与翻覆，都是无法回避的问题。再者，随着信息技术的日新月异，我们所接触到的知识面扩大、信息量激增。以前我们不需要关注自己国家以外的事情，但如今不得不关注，因为全世界的事都变成“家门口的事情”——这是一个前所未有的时代。

更要紧者则是，自从 1945 年美国投下两颗原子弹以后，我们才发现：科学原本离我们非常遥远，科学家甚至被认为是“科学怪人”，而他们所研究的事情，居然可以在我们头顶上成为现实，造成如此大的、意想不到的惨剧，令二十一万人灰飞烟灭。后来，太空飞行器的发射、登月计划的成功、太空站的建设，更使我们觉得：“天上的事，怎么也都到家门口来了？”不只是家门口随时会拉响警报，大国霸主的战舰甚至时刻悬停在我们头顶上方几千尺。这种类似太空电影中出现的情节也罢，科幻小说中会有的场景也罢，以及主观上的感觉也罢，都令我们感到惊慌失措。

随着科学技术的不断突破，过去认为是“真理”的许多科学理论不断被颠覆，这也使得我们感觉焦躁不安。原来是科学家待在实验室中做研究，老百姓在外面过自己的小日子；如今，世界一转眼就可能毁于核战争。

在大城市中，大部分人与人并不相识。可城市丛林之中，也有虎豹豺狼。忽然有人一时糊涂，拎着枪当街扫射，恰好经过的无辜路人，就可能不幸遇难。这样的事情，在美国的报纸上时常可见。如此生活上的不安定感，也让我们感觉惶惶不安。

过去的经济是“家门口买葱买蒜”，现在则不然：桌子上的东西，不知道是哪里生产出来的；拿起手机，几百里、几千里之外的人，就能直接对话，如在身旁。如此变化，都使我们不习惯于从前的人际关系；而今天的人际关系复杂难测，又令我们迷惑。

再者，在这种眼花缭乱的世界中，我们要求生活。年轻人经常被父母嘱咐：我们不留家产，将来要靠你自己过日子。一个年轻人二十来岁，大学毕业，一步跨出去，下半辈子的生活就靠自己了——这是“对自己负责任”。

看上去，我们的生活比以前舒服多了：外面大雪纷飞，屋内温暖如春。但这部分生活上的便利和舒适，缓解不了心理上的惊慌和恐惧。我们身处太平时代，不幸过的是不太平的日子。时至今日，世界上仍然战争不断。虽然与两次大战相比，今天的小冲突不算大事情，但是，因为信息技术将战争的种种惨状、细节送到眼前，其造成的恐慌程度甚于从前。

面对如此局面，我们该如何自处？我想分几个题目来展开论述。

面对人生的焦虑，我们如何自处？

第一：我们身在何处？我们每一个人类个体，都生活在天然大环境之中——一个人不只是住在某街某巷某号，而是全世界几十亿人口之一。我们乘坐飞机、高铁、汽车外出旅行，似乎感觉非常自由。然而，实际上我们置身于公路网、铁路网、防空网、信息互联网的重重包裹之中——我们所接触到的信息、思考方式等，无一不受这一巨大网络的影响。

举例言之：牛顿时代的物理学，让人类感受到前所未有的“确定性”的快乐，就如同棒球比赛，一棒子打出去，一定有明确的方向和可以计算的抛物线，“牛顿的物理世界”是可测量、可量化的。然而，随着爱因斯坦的相对论及至今天量子力学的发展，当年人类的“笃定感”已经被瓦解。今天人类所观测到的宇宙，已经不能量化。组成宇宙的种种物质或粒子有强有弱、彼此拉扯、层层嵌套、相互影响，这个过程是不断在动态变化的。关于物理学世界的不确定性，“薛定谔的猫”这个比喻，描述得很生动：微观粒子是否存在，依赖于主体是否介入——观测的时候，它就在那儿；不观测的时候，它就消失了。

宇宙之大，多少星球才能构成银河系？多少银河系构成了这个宇宙？我们所处的宇宙之外，或许还存在其他宇宙。还有黑洞，看不见摸不着，据说是因为它不反光，能够吞噬一切物质和能量。如今科技的进步，让我们发现，这个世界如此复杂，大至浩瀚无穷的宇宙，小至极其微观的粒子——以此角度，人类身体就是个“动态的宇宙”。

佛教的《华严经》，也讲到复杂的“华严网”：佛教有了不起的想象力，《华严经》的网络，充满了明珠，既散发出光芒，又回环反映，虚实交错，囊括过去、现在、未来种种，如同无数重彼此交叠、反射的镜子。这比自然界和现代物理的量子力学所体现的网络更为复杂。

其实，我们所生活的人世间，何尝不是由大大小小的社交网络、亲属网络、地缘网络层层交织，形成一个个民族国家，乃至国家联盟的国际组织的？这些网络给予我们保护，网络内部，或者网络之间，一旦出现冲突，谁也不能幸免。比如正在发生的俄乌冲突，就使得中国与俄罗斯的贸易往来加强；中美贸易战，就导致美国包括汽车在内的一些生活物资短缺……如此经验，使我们切身感受到，人生在世，有如此多的牵绊、纠缠，使我们感到惶惑不安。

如今这个时代，知识人有自己所感受到的惶惑——知识和技术迅速更新迭代。至于普通老百姓，也面临着经济下滑、收入减少，乃至失业等等不确定性所导致的惶惑。我们个体的生活，如同飘浮在宇宙中的一粒尘埃，无所依傍。

第二：“群己之间”，人该如何自处？

与西方个人主义不同，传统中国社会更倾向于集体主义——亲属、朋友、邻里、同学、同乡……一层层拉开，构成一张巨大的人际关系网络。一方面，如此关系之下，人与人之间的关系极其密切，维持这种关系网，也时常使人感觉疲惫、穷于应付。另一方面，假如没有这些联系，没有这些人人彼此相关的感觉，人也会感到失落于散漫群众中的孤单。

今天的中国社会，尤其在大中型城市，人与人的关系也越来越接近西方：人们彼此淡漠、疏离，乃至邻里不相往来，无复往日互相关心、彼此安慰的温情。一个人进入工作以后，就不容易结交彼此信任的朋友，在百万、千万人口的大城市忙碌生活，却常感孤独。如此心情，我想国内的朋友们比我感觉更深切。

我长期生活的匹兹堡，在美国是一座中小城市：总人口二百多万，核心城区人口三十万左右。我们所居住的桑迪赛德（Shadyside）是最为核心的区域，大概只有几万人，而我们生活的这栋公寓，十六户人搭乘同一电梯、使用同一车库，却可以终年不相见。身处其中，如同身处沙漠或丛林，放眼望去一片茫然，这也让人感到惶惑——若是某天半夜，一旦发生意外，何处找人求助？美国人缺钱时，习惯于到银行贷款，从未听说有人可以向邻居借钱。

因此，在美国的日子，真是“独门独户”：喜怒哀乐，有福无人共享，有难无人同担。这是我们生活在美国社会，面临的真实困惑。近年来，我不断呼吁中国不要走美国的“老路”，应该学习、借鉴北欧，建立一个个邻里间守望相助的小社会，恢复人与人之间的彼此互助的关系，就是因为有此切身感受。

第三：内心的世界，如何看待？

佛教有个词语：大千世界。我们面临何种世界，固然有客观存在的事实；但相当程度上，也取决于自身如何认识、看待它。甚至于我们做了某个决定，很长时间内都不知道是对是错。比如我自己，十多年前做完手术，就无法搭乘任何交通工具，做任何旅行。于我而言，这当然是个重大的打击，很多原本规划的事情无法实现。然而，也正因如此，我可以有时间在家里把过去所思所想的东西写出来，还能与年轻人经常谈谈话。

西方基督教世界认为，人间的悲喜，都是拜领上帝的恩赐。中国人则认为，人生的选择取决于自己的“良心”：面对世界、人生的种种不确定性，人是可以自己做决定的。

抗战期间，我在湖北农村生活过相当长一段时间。当年物资极度缺乏，但情理和亲情都在，人之人之间关系密切，共患难、同甘苦。同时，我们也知道所处农村的定位：它是中国的一部分，也是人类的一部分。面对日本的侵略，中国的抗战理直气壮——人间公理分明在，为何无法约束日本？

当年的情况是，困苦之中，人心向上，大家彼此间互帮互助，把危亡之中的国家拯救回来了。今天的生活，物质已经极大丰富了，人们却常感忧虑、烦躁、惶惑，这与当年形成强烈的对比。说实话，假如我只能活到战后，倒不至于眼看后面的一段内战分裂，到今天还是彼此僵持。

而今日人类社会所面临的，并非任何个体的困惑，而是关乎全体人类的时代性困惑。逃避是没有用的，因为逃不开，我们需要想办法去解决这一困境。

南宋诗人杨万里，有一首诗名为《桂源铺》：

> 万山不许一溪奔，拦得溪声日夜喧。
> 到得前头山脚尽，堂堂溪水出前村。

这首诗表面上讲自然风光，其实想表达的是一种人面对困境时所应持有的人生境界。人生一世，犹如溪水出山，奔流不息——溪流从山间一路往下冲，沿途都是重重山岳的阻隔，不断遭遇各种冲撞、转折，激流险滩的日夜喧哗。直到某一天，终于行到山脚下的“前村”，堂堂而过，前面都是缓水平流，一派祥和。这首诗所传达的人生境界，是杨万里的境界，也是我真心盼望自己能达到的人生境界。人生的旅途，注定会面临种种顺境、逆境，若是能淡然处之、平和应对，终有云破日出的一天。

在这次旅行中，杨万里还写了一首诗，《过松源晨炊漆公店六首 · 其三》：

后山勒水向东驰，却被前山勒向西。
道是水柔无性气，急声声怒慢声悲。

这首诗讲的是水流被山势勒住，只能被迫东奔西走。水性柔顺，按说是没有脾气的；但是，不同环境下水势所发出的声音，居然有或怒或悲的情绪隐含其中。

还有一首《过松源晨炊漆公店六首 · 其五》，也与大家共享：

莫言下岭便无难，赚得行人错喜欢。
政入万山围子里，一山放出一山拦。

这首诗是接着《桂源铺》写的，诗人本以为下到山脚前村，就是一马平川，其实这也只是漫长道路上的片刻风景，前面还有一座座大山在等着——“不识庐山真面目，只缘身在此山中”。这三首诗，都是杨万里在一次短期旅行中的所见所感，如同一个循环不息的“连环债”。

我之所以喜欢杨万里的诗，一方面是因为其风格上的平和、细密，一方面也是因为他的诗中所传达出的人生境界。这三首诗所描述的景象，犹如我们人生所面临的种种阶段——不断地面对挑战，解决问题，前面会出现新的，甚至更大的挑战。人生没有一劳永逸的事，我也无法给出一个

"终极答案"或"万能药"。面对如此注定要出现的重重困境，怎么办?

我们要明白：人生就是如此，我们必须面对，在重重拦阻之下，时时刻刻寻找出路。希望能碰到杨万里诗中所说的"前村"，在此可以稍微喘口气。但是，也不能指望前面永远是平川大河，或许前面的重重阻隔更为艰难。当我们做好如此心理准备时，慢慢就会坚信：人生不如意事常八九，困难是常事，迷惑在所难免，我们自己想办法。

要求得"内心的解放"。

接下来我要与大家讨论的，是"情趣"与"智慧"之间的关系。"内心的解放"，这是任何人都可以自己做主的。一个人若是有此主动意识，看待事物的心胸、格局自然有所不同。尤其当身处困境时，他就不再是被动应对、穷于应付，而是有做主的权利。

如何认识自己，认识自身与社会的关系，进而求得"内心的解放"？对年轻人而言，可能需要经历一段漫长的过程。课堂上老师讲课、阅读思考是一回事，生活工作中自己认识、实践、体会，乃至过程中自我的反省、朋友间的切磋，是另外一回事。这段过程，要在"千军万马中杀出一个缺口"，曲曲折折中杀出来了，就如杨万里诗中所说的"堂堂溪水出前村"。只是出得山外，将来的路还有重重拦阻。我希望你们不要以为所有的知识都能在学校习得，人生中有很大一部分知识，要自己体会、悟解，看小说、读诗词、听音乐，都是体会人生百态的机会。

苏东坡的一生，就是不断从苦中解放出来洒脱与豁达。到了即将离世时，回顾一生，他觉得就如庐山的烟雨与钱塘江的潮水：没有到的时候心怀向往，等到走完这一生，千帆过尽，也就不过“庐山烟雨浙江潮”。我到了，我看过，然后我走了。《观潮》一诗中，这种洒脱的人生境界，令人感佩：

> 庐山烟雨浙江潮，未至千般恨不消。
> 到得还来别无事，庐山烟雨浙江潮。

我家客厅的墙上有一条字，是先父当年选了十三首他喜欢的杨万里的七律，请书法名家沈尹默先生所写。这十三首诗，专门讲的是“行路”——人在船上，看见两岸青山不断，过路桥的桥上行人不断，桥下有许多卖鱼的人，等等。杨万里这十三首诗，记录的就是行路途中所见的种种景象。杨万里的洒脱之处在于：举目所见，处处有情。举例言之，其中一首《玉山道中》：

> 村北村南水响齐，巷头巷尾树阴低。
> 青山自负无尘色，尽日殷勤照碧溪。

他在诗中说，青山觉得自己美得出尘，“尽日殷勤照碧溪”。在其他诗中，杨万里还将自己的琴置于青山之上，进而假想青山是一个人，路上碰到的柳枝，上面可能还有一只小榴虫，或者其他枝上的花粉，洒落肩头；而树枝轻轻拂过，似乎是在多情地挽留，希望行道者慢一点，甚至能多盘桓一下。杨万里就是如此“自作多情”，在人生的苦难中，在烦闷的空气中，一点点自我排遣。

杨万里所处的时代是南宋，靖康之变以后，国家被迫迁往南方，朝廷里面分成主战派和主和派，二者经常讨论要不要“渡河”，收复北方被金人占领的故土。

杨万里有很多朋友，在那样一个时代，其内心却常感烦闷，于是，他经由写诗，找到了“内心的安静世界”。父亲所选的另一首诗，杨万里写的是蜡梅：蜡梅未开时，是黄色的一片，很不起眼；但是忽然雪停了，回头一看，一朵黄色的花苞已然绽放，在冰封的冬日，释放出春的消息，令人心生欢喜。

以此为例，不是让大家自己骗自己，而是希望年轻人能够寻得自己人生的乐趣所在，自己开辟出一方安静的停靠处、歇脚处。这种世界可以自己创造，但我希望大家也不要太沉溺其中，而忘了外面世界的复杂性。如同我自己，从小就不能动，只能坐在小竹凳上，整天看蚂蚁搬东西，蚂蚁进进出出非常繁忙。如此经历，使我看见旁人看不见的世界，发现了其中很多乐趣。

我对国内学校的制度，并不完全了解。但是我有一个希望：希望整个学校如同一个大家庭，老师与学生的关系，如同父兄与子弟的关系。除专业知识的教学以外，我还希望学校里有一些专人引导学生，帮助他们开拓出新的人生境界——他们所传授的，是“看不见的书”。这些人也应懂得心理学、社会科学乃至文学、音乐；也应该理解人生的疾苦、年轻人的困惑；如此，才能帮助年轻人走出这一关口。

这就是我对中央美术学院，以及年轻人的建议。谢谢大家。

后记

教育是让每个人成为更好的人

上周许先生在家中仙逝，头七刚过。许先生一生执教，桃李天下，不仅在大学给学生授课，也在著述直播对大众授课。他在天之灵，得知这本关于教育的遗作付梓，定然欣慰。

《以远见超越未见：当今时代的教育、文化与未来》是一本实用的小书，学生、家长、教育者、政策制定者、终身学习者，都能受益。许先生微言大义，举重若轻。可以说，这本书对华人教育这个大问题，给了指南。

疫情期间，许先生以教育为题，用十次演讲和问答的形式，做了《教育十日谈》。既讲了教育的意义、发展和历史，又讲了大学体系，还讲了如何更好地做学生、做老师、做家长，以及很多从师的故事，包括梁启超、王国维、陈寅恪、李济之等大师的为学之道，还有许先生自己的成才之路。

用生动的故事讲明白大道理，是许先生的特点。几十年前，许先生受人之托，带着一位美国回来的小姑娘吴美云看台北故宫博物院，许先生告诉她：“这些东西，每个里面都有一套可看之处。”她从对中国文化一片茫然，到“慢慢上路，对中国传统文化产生兴趣，也培养了相当的鉴赏力”，后来她创办了汉声出版社，促成许先生《万古江河》的写作，一本给学生和老百姓看的中国通史。许先生给自己的外甥们编故事，讲故事，培养他们的智育，让他们哈哈大笑。

“但在那个故事之中，我穿插了人们熟悉的地理、历史知识，穿插了一些当时正在发生的其他事件。”

“这种故事，很多孩子听过以后，一辈子不会忘掉。”（第二讲）

王力宏在悼念七舅公许先生的文章里，也讲了“每天晚上，七舅（公）都会为父亲编织一段连载故事，许多都是即兴创作的，里面藏着许多人生的道理。这些故事影响了父亲年轻而敏感的心智，鼓舞了他”。许先生编故事，并非止于爷爷辈。我就曾见，许先生就在他的书房，给孙子讲孙悟空的故事，然后爷孙俩一路编，一路手舞足蹈，哈哈笑着。孩子上大学前，告诉许先生：“我觉得你将整个的‘心’放在‘人格’部分，对我予以教导。公公，我这辈子会感激你。现在我还没有走入社会，我向你发誓：你和婆婆的教育，我会一辈子记住。”我想，任何家长听到孩子说这样的话，都会心满意足。许先生自己是大教授、芝加哥大学的博士，儿子和儿媳妇也是纽约大学的博士，他的孙子却选择去了一个美国新英格兰的公立旗舰大学读历史和哲学。大学的排名也就在 100 名左右。排名重要还是人格重要，教育的核心是什么，家长和师长作为教育者的作用，清清楚楚。

以远见超越未见，在教育中尤为重要。

百年树人。教育的结果，直接影响每个孩子从无知到成才立命的一生，但教育的行动却是每时每刻都在进行。我们往往看到，有的家长会用力过猛，有的同学肆意挥霍青春，有的教育者为了一时的绩效，对学生施以不当的引导。书中提到，中国台湾一所中学的校长，教育的理念就是“教人背书”，学生可以应付考试，拿到高分，结果是学校的升学成绩很好，而学生缺乏推演的能力，会的只是“一个一个格子，一个一个抽屉”的刻板学习方式。

远见是成才的目标，而未见是孩子成长过程中种种不同的情况。教育的方向是成为全面的人，而不是考试的分数。

在书中，许先生多次提到自己在无锡辅仁中学的求学经历。那时的教学理念，教师关注学生，按照学生的实际成长打分，对不同科目采用灵活的教育方式，同学们互助，放学后分组进行学科讨论。这样的教育环境，让我们后辈羡慕不已。许先生说，他同届同学里，就出了大概十个院士。在《教育的根基与启蒙》一讲，我们安排了许先生同辅仁中学的在校同学讨论。其中，学生李名悦问："中学生应当具备怎样的学习方法和态度，才能从考试中脱颖而出?"许先生作为当了几十年的"阅卷人"的老师兄，回答也很智慧。他说，打分数的人，不全是糊涂人，活学活用到达一定的程度，一样可以在应试教育里脱颖而出。实在的知识是"活"的，不会跑掉，也不会僵化。这并非桃花源，而是一位老教育家的真知灼见。希望李同学能听懂，实行。

以远见超越未见，就是要把握教育中最重要的原则方向。长江东去，奔流到海，这是远见；其间的险滩、转折、险阻，这是未见；只要有信心和方向，都能跨越，这是超越。作为家长、老师、学生，如果把教育和成长的关注点都放在眼前的分数上，用背书、刷题来应付，那么永远摆脱不了琐碎的羁绊，只会陷入追逐眼前的小利的困境。

许先生的这本小书，我推荐给所有的学生、家长和教育者，尤其是家长。

家长是孩子的第一个教育者，对孩子的成才责任重大，然而很多家长却没有做好当家长的准备，总觉得力不从心，或者不知如何教育的时候，不得不卷入窘境里。

很多人愿意收集许先生的金句。在这本小书里，不光有金句、金钥匙，还有给家长的直截了当的金锤子，当头棒喝：

* 要孩子像样，家长首先要像样！（第一讲）

＊分数看起来是客观的，但它不是一个客观的东西，反而非常主观。教育不再是为了学习，而是为了争取“分数”。因此，这一过程是舍本逐末，孩子们不得不将必须要学习到的知识和能力放在一边，而只是注意争取考试的分数。我们必须要认识到，中国孩子并不必须踏上只看分数这条“不归之路”。（第一讲）

＊别将人格教育、社会教育一股脑儿扔给学校，家长们有责任将你们所珍爱的孩子在成长过程中当作朋友一样劝导。他们会记住你们的劝导。功不唐捐，请你们务必注意。（第二讲）

书中还有很多家长关心的非常切实的问题，比如：

＊在美国多元化的文化背景下，应该如何平衡家庭和社会在下一代教育中的角色和关系？（第二讲）

＊如果让孩子长成特立独行的人，是不是等于人生要冒更大风险？（第二讲）

＊如何看待大学生活中选择的多样性？（第五讲）

＊国内大学和美国大学在学习成长环境上最大的不同点是什么？（第七讲）

对于学生们，这本书也有很多的好处。许先生说过，自己一生从来没有和别人比过分数（第二讲）。许先生也能理解，学生们在成长中很脆弱，很多事情自己不能左右。所以，这就是远见的重要性。有了远见，就有信心，能超越未见。

“发掘潜能，走向优秀”，最重要的是自己的决心：必须认识自己是否还有未曾开发的潜能。以此用心，全力以赴——人一我十，人十我百，长此以往，会攀越平凡，登入优秀。（第一讲）

大家都知道，许先生生来身有残疾，行动不便。他常讲自己青年时代，因为行动不便，所以别人上体育课的时候，自己就看书，所以逐渐提高了读书的能力。上大学的时候，除了每天睡不超过五小时，其余时间也是读书。这是他用心，全力以赴。许先生最后的五年，身体受限更甚，不能离开轮椅。打电脑、动鼠标也只能用一根手指。我常在许先生左右，他的两个习惯很打动我。一是专注。他很少在电脑屏幕上开几个窗口，每次做事，都是吃力地打开窗口，打开文件，专心致志，做完后清理好电脑桌面，这是他为人和治学的态度。二是认真。每次回复邮件，许先生必以“谨覆”开头，然后才是邮件正文，以示尊重对方。每次我看着他认真敲响键盘打这两个字，又敬佩又心痛。要知道，许先生此时已经年过九十，可以说学术界里，不是他的学生，就是辈分更小的人。他谦虚和认真的态度，不仅是为人处世的素养，我想更与他幼时的家教有关。在这本小书里，许先生就讲了小时候父母对他的言传身教，有意识培养他的品性，加上自己的努力。这些方面，对学生和父母都很有益。

希望你们能以许先生在中学、大学、博士期间的成长过程为参考，理解许先生的微言大义、真知灼见，树立远见，不迷失，不气馁，不断发掘自己的潜能，走向优秀。

书中也回答了很多实际的问题，比如：

*在海外学习期间，如何充分利用时间？（第四讲）

*如何戒骄戒躁，全心全意投入到自己想做的事情中去？（第四讲）

如果你是留学生：

*当代留学生如何提升自我认同感和价值感？（第七讲）

*留学生在自身成长中，报效祖国、造福人类，和过好自己的小日子，该如何选择和平衡？（第七讲）

家长们能明确教育的目标，心里有“远见”，什么样的教育给孩子什么样的人生，让孩子们先有和谐的心智、健全的人格，其次才是知识的获得。

而教育者们，老师、校长、课外辅导老师，应以开拓学生心智、德性为目标，为学生们创造好的成长环境，如辅仁中学当年的教育者们，就是在成就学生。

书中也有很多教育者关心的现实问题，比如：

* 如何看待“学术欺诈”（academic dishonesty）？（第二讲）
* 如何让教育做到有效地启蒙？（第三讲）
* 中式教育和西式教育，哪个在中国更有发展前景？（第四讲）

如果你并非学生、家长、教育者，只是个普通人，这本书对你也有帮助。

* 对于关心AI，国际形势的人：全球化和世界融合快速推进的时代，未来世界会走向隔阂与分裂吗？（第四讲）
* 对于管理者：在当下快速、高效的职场与生活中，如何培育有远见的个人特质与团队？（第八讲）
* 国学是否能摆脱作为材料被西方学科所裁断

的命运？（第六讲）

＊在快节奏的当下生活中，如何保持最初的热爱，不断学习与探索？（第九讲）

许先生的著作《万古江河》曾经被清华大学邱勇校长作为枕边书赠予每个入学的新生，以加强他们宏大的历史观。这本《以远见超越未见：当今时代的教育、文化与未来》，希望也能成为中学校长送给中学生或者医院妇产科送给新生儿父母的枕边书，帮他们建立教育观。读这本书其实很容易，只要能和我一样，用一个下午，认真读一遍，或者学到几个金句，就终生受益。

摘金句容易，难的是教育贯穿每个孩子的一生，每时每刻。

学生通过教育而成才立身。家长和老师责任重大，他们的每个行为和理念，都可能影响孩子的一生。许先生 2009 年时把我叫去他家，鼓励我把教育作为事业，我创立厚仁(WholeRen，全人的意思)，蒙恩许先生给厚仁赋予“厚生利用，仁民爱物”的意义，确立“发掘潜能，走向优秀”的使命。厚仁十五年中，我和同人在许先生的指引下，用心对待每个学生，既然接受每个家庭的重托，当认真做事，在美国长期鼓励学生们在学业上努力向前，立足每个进步。自 2010 年以来，我和同事们服务了超过两万名学生，坚持以学生为中心，坚持做对的事情。既经历过润物细雨，也经历过扼腕叹息。每次见到学生进步，学生通过不断努力，达到了以前不敢想的目标，我们都欣喜若狂，庆幸是许先生给我们的“远见”，让我们的学生能通过教育跨越未见，也让我们这些教育者有幸参与到一个个生命历程的改变。每想至此，我和厚仁的同事们便战战兢兢，如履薄冰，做好自己的本职工作：发掘潜能，走向优秀。

许先生执教一生，桃李天下，留给世人这样一本关于教育的实用小书。我坚信，“最好的教育是帮助每个人成为更好的自己”。远见可以超越未见。以此共勉。

美国厚仁教育集团创始人、首席执行官　陈航

2025 年 8 月 14 日，于武汉江畔